大学生体育运动

刘建进　沈　翔　唐芳武　著

中国海洋大学出版社
·青岛·

图书在版编目（CIP）数据

大学生体育运动 / 刘建进，沈翔，唐芳武著 . 一青岛 : 中国海洋大学出版社，2022.8
ISBN 978-7-5670-2922-4

Ⅰ . ①大… Ⅱ . ①刘… ②沈… ③唐… Ⅲ . ①大学生—体育运动—研究 Ⅳ . ① G807.4

中国版本图书馆 CIP 数据核字 (2021) 第 175638 号

大学生体育运动

出版发行	中国海洋大学出版社			
社　　址	青岛市香港东路 23 号		**邮政编码**	266071
出 版 人	刘文菁			
网　　址	http://pub.ouc.edu.cn			
电子邮箱	2586345806@qq.com			
责任编辑	矫恒鹏　李建筑		**电　　话**	0532-85902349
印　　制	潍坊鑫意达印业有限公司			
版　　次	2022 年 9 月第 1 版			
印　　次	2022 年 9 月第 1 次印刷			
成品尺寸	170 mm×240 mm			
印　　张	10.75			
字　　数	199 千			
印　　数	1—1000			
定　　价	58.00 元			
订购电话	0532-82032573			

发现印装质量问题，请致电 18953676005，有印刷厂负责调换。

前　言

我国学校体育教育的总目标是"增强学生体质，促进学生身心的和谐发展，培养学生体育能力和良好思想品德，使其成为具有现代精神的德、智、体、美等方面全面发展的社会主义建设者和接班人"。因此，体育运动不仅担负着传授学生体育知识和体育技术、强健学生体质这一任务，而且担负着培养学生树立崇高的道德品质、提升学生团队精神素养和对其进行思想政治教育的重任。

大学生的体质健康和心理健康素质关系到"健康第一""以人为本""和谐心理""素质教育"理念、高校教育改革的深入程度，关系到大学生自身发展以及我国构建和谐社会的进程。体育运动有利于人们的身心健康，而提高人们的身心健康水平是体育科学研究者和人类社会共同关注的热点问题之一。因此，学校体育作为现代体育的重要组成部分，是提高民族和国家国民健康水平的一个重要阶段，是增进学生健康最有效的途径。健康理念的转变，体育的社会服务功能的改变，也势必引起学校体育思想发生改变，从而引起大学生体育运动行为的改变，这也是高校体育的一项基本要求和价值所在。

编者

2021 年 3 月

目　录

第一章 体育与健康概述

第一节 体育概述

任何科学都是由概念组成的理论体系，都是以社会发展的需求为根本依据的。体育作为一门社会学科，也具有存在的价值和意义，它的产生与存在也是人类社会发展的需要。

一、体育的概念与分类

（一）体育的概念

体育最早的含义是"身体教育"。但是随着人类社会的发展，体育的概念也在不断地被认识和开发。根据现代体育发展的特点，体育的概念可以从广义和狭义两个角度来表述。

1. 广义的体育

广义的体育是指以身体练习为基础手段，以增强人的体质、促进人的全面发展，丰富社会文化生活和促进精神文明为目的的一种有意识、有组织的社会活动。它是社会总文化的一部分，其发展受一定的社会政治和经济的制约，也为一定的社会政治和经济服务。

2. 狭义的体育

狭义的体育是指发展身体、增强体质，传授锻炼身体的知识、技能、技术，培养道德和意志品质的有计划、有目的、有组织的教育过程。

（二）体育的分类

根据体育发展的特点和规律以及体育的目的、对象和影响的不同，一般认为现代体育基本分为三类。

1. 学校体育

学校体育即狭义体育，亦称体育教育，是学校教育的重要组成部分。它是一种学习和掌握体育知识与技能，提高身体素质，增强体质的教育过程。

学校体育的目的是更好地促进人类的自身发展，使学生拥有良好的身体素质，并掌握一定的体育锻炼技能。学校体育的主要形式是体育教学和学校体育活动，它与德育，智育，美育相结合，培养身心健康发展的合格人才。

2. 竞技体育

竞技体育又叫竞技运动，是指为了最大限度地发挥和提高人们在体格、体能、心理和运动技能方面的潜力，为取得优异的运动成绩而进行的科学的、系统的训练和竞赛活动。它是社会文化不可或缺的一部分。根据现代竞技体育的发展，可将其特点归纳如下：

（1）具有激烈的对抗性、竞争性和极高的观赏性；

（2）具有国际性，比赛规则国际通用，具有公信力，比赛结果也被社会普遍认可；

（3）具有严肃性，不再是个人娱乐，而是代表团体，很大程度上能培养集体主义和爱国主义精神。

3. 社会体育

社会体育又叫群众（大众）体育，是指为了休闲娱乐，发展兴趣爱好，强身健体等目的而进行的体育活动，它与人们的日常生活紧密相连，所以亦称生活体育。它的特征区别于以上两类：

（1）健身性，这是参加社会体育的主要目的；

（2）娱乐性，这是体育运动所必须具备的功能之一；

（3）随意性，社会体育没有特别限制，可以根据自身的实际情况自主选择活动的时间、地点、活动方式和内容；

（4）生活性，社会体育是社会生活的一部分，并且越来越日常化、生活化。

二、体育的产生与发展

随着人类社会的发展与进步，现代体育的发展水平也有了很大的提高。体育的产生，究其原因，应该有三方面因素。

1. 决定因素：生产劳动

在体育的萌芽时期——原始社会，原始人生活简单，生产工具简陋。它们依靠采集野果、狩猎、捕鱼等方法获得食物来维持生存，但是这些活动只能称为劳动，而体育就是从这些活动中脱胎换骨出来的。

2. 根本因素：人类的进化

人类身体和大脑的进化使动作和思维复杂化、精细化，从而推动了劳动的进步和发展，这样就产生了体育。

3. 直接因素：人类社会发展的需要

任何科学的产生都是以人类社会发展的需求为依据的。需要是人的能动性的源泉和动力，是人类一切活动的直接原因。人类要生存就需要劳动，而体育正是从劳动中分离并优化出来的。

三、体育的功能

体育的功能是指体育在为一定的政治和经济服务的过程中，为社会发展和人的自我完善的过程中所表现出来的价值。总体来说，体育有六个方面的功能。

（一）健身功能

1. 改善和提高中枢神经系统的工作能力

进行体育运动可以改善大脑的供血状况，使大脑获得积极性休息，可以提高大脑的兴奋性，使人头脑清醒、思维敏捷。"只工作不玩耍，聪明的孩子也变傻"正是这个道理。

2. 促进有机体的生长和发育，提高活动能力

体育运动可以促进骨骼的生长，提高骨骼抗弯、抗压、抗折的能力，并能改善肌肉的血液供应状况，增加肌肉的营养物质，提高运动能力。

3. 促进人体内脏器官功能的改善

进行体育运动时，体内能量消耗增加，血液循环加速，为了适应能量的消耗，血液循环系统、呼吸系统、消化系统及排泄系统的机能都将得到改善。

4. 调节情绪，使人充满活力

参加体育活动，尤其是自己擅长或感兴趣的活动，不仅可以锻炼身体，还可以调节人的情绪，增强自尊心与自信心。

5. 增强人体对外界环境的适应能力

经常参加体育活动可以增强人体的免疫力和对疾病的抵抗力，从而增强人体对外界环境的适应能力。

6. 防病抗衰，延年益寿

参加体育锻炼，可以改变人的体质，延缓衰老。众所周知，中国传统体育中有很多健身方法，如太极拳、气功等，都可以达到强身健体的目的。

（二）娱乐功能

1. 增进健康，增强生命力

参加体育活动，可以增进健康，增强生命的力量，可以获得能量释放的

快感。

2. 调节情绪，轻松自己

活在当下的人，不可避免地都会有一些浮躁、压抑的情绪。参加体育活动，尤其是休闲运动，可以调节情绪，使人获得一种解放感和自由感，从而在心理上得到快乐

3. 快乐享受，放松心情

参加体育活动可以使自己的体格健壮，户外空气清新，更能给人以超脱感和归属感。

4. 感受自我能力

体育运动是一种超越自我、感受自我的方法。伴随体育的是困难、艰辛、挑战和征服，也只有这样才能真正体验到成功的喜悦。渴望征服挑战困难的水平越高，获得的快乐就越强烈越持久。

（三）教育功能

1. 促进个体的社会化

个体的社会化就是人的社会化，是生物人变成社会人的过程。在人的整个社会化过程中，逐渐养成独特的个性与人格，体育运动起着非常重要的作用。

（1）传授生活的基本技能；

（2）培养社会准则，发展人际关系；

（3）传授科学文化知识。

2. 教育社会

体育运动本身具有群众性、技艺性、礼仪性和国际性等特点，所以它成为传播价值观的首选载体。体育竞赛可以激发人们的爱国热情，振奋民族精神，教育人们如何做人、如何做事、如何与社会保持一致。

（四）政治功能

1. 为国争光，提高民族威望，振奋民族精神

体育是文化发达的标志，是综合国力的体现。在和平与发展的现代社会，体育事业发展水平是一个国家综合国力和社会文明程度的重要体现。

2. 为外交活动服务

体育如同艺术一样，可以超越语言的障碍。50多年前的中美"乒乓外交"就是体育为外交服务的一段佳话。

（五）经济功能

1. 在大型比赛中获取经济收入

出售体育比赛的电视转播权，出售纪念币和吉祥物，出售门票和发行彩票，获得赞助费与广告费，等等。

2. 在日常体育活动中增加经济收入

提高体育设施的利用率，经常举办热门项目比赛，发展休闲娱乐体育，发展体育旅游，提供体育咨询服务，等等。

（六）社会情感功能

体育的情感功能与人的社会心理稳定性有直接关系。心理稳定性是指人的心理与社会规范相一致，又叫作人的社会心理平衡性。体育运动在调节社会心理平衡方面是非常有效的。

体育的情感功能是其他社会活动无法相比的。一场重大的国际比赛，少说也有几十个国家进行实况转播，观众可达几十亿。加之体育运动的竞争性和对抗性，以及竞赛结果的不确定性和显示结果的及时性，都能刺激人的情感，触动人的心灵。

第二节　健康概述

要想获得健康就必须有一个健康的心态。古语有言：淡然无为，神气自满，以此将为不死药。的确，"甘其食，美其服，安其居，乐其俗"，如果能用这样的心态来面对生活，快乐的就是自己了。所以，无论做什么事，心态很重要。对待生活，一定要时刻保持着六种心态，即"安静心，正觉心，欢喜心，善良心，和悦心，安乐心"。

一、健康的概念与标准

在当今社会，对健康的关注越来越普遍。但究竟什么是真正的健康呢？健康的标准又是什么呢？带着这两个问题学习下面的内容，你肯定会有一定的获得。

（一）健康的概念

健康的概念是随着人类对客观世界认识的不断加深而不断改变和优化的。过去，受社会发展的限制，人们对健康的认识很是狭隘，"没有疾病"成为衡量健康的唯一标准。随着人类社会的发展，人们对健康的认识也不断加深，但是到目前为止，健康还没有一个完整统一的概念。我国《辞海》把健康解释为："人体各器官系统发育良好、功能正常、体质健壮、精力充沛并具有良好劳动效能的状态。通常人们用人体测量、体格检查和各种生理指标来衡量。"

世界卫生组织1948年在《宪章》中首次明确了健康的含义："健康不仅是免于疾病和衰弱，而是保持身体方面、精神方面和社会方面的完美状态。"此后，世界卫生组织在1978年9月召开的国际初级卫生保健大会通过的《阿拉木图宣言》中重申了健康的含义——健康不仅是没有疾病或不虚弱，而是包括身体、心理和社会适应等方面的良好状态。也就是说，随着人类社会的发展，医学模式已从单纯的"生物医学模式"转向了"生物—心理—社会医学模式"。这表明，只有具备健康身体和健康心理的人，才能适应这个多变并快速发展的社会。

1989年，世界卫生组织把健康重新定义为"身体健康、心理健康、社会适应良好和道德健康"。一个真正健康的人，应该是在没有疾病和身体虚弱现象的基础上，保持着良好心理状态和高质量的生活方式，并能对社会作出贡献的人。

1. 身体健康

身体健康指人体的生理健康，即各项生理功能正常，具有生活自理能力，体质良好。

2. 心理健康

心理健康又称精神健康，是指能够正确认识自己，正确认识环境，乐观向上，使心理处于良好的状态，以适应外界环境的变化。

——正确认识自己，善于正确地评价自我，能通过别人来认识自己，能创造条件扩展自己的生活经验，具有一定的自制力。

——正确认识环境，能真诚地赞美和善意地批评，能一分为二地看待问题，客观地对待别人的建议和批评，保持良好的人际关系。

——乐观向上的情绪，对未来生活要有信心，要有一个坚定的事业理想和生活目标，要符合实际积极进取。

3. 社会健康

社会健康也叫社会适应性，主要指人在社会生活中的适应能力。

4. 道德健康

道德健康是指人的行为要与社会规范的准则和要求相一致，为社会乃至人类的幸福作贡献。

（二）健康的标准

1. 世界卫生组织提出的健康十条标准

2000 年，世界卫生组织根据健康的新概念，提出了健康的十条标准：

（1）充沛的精力，能从容不迫地担负日常生活和繁重的工作而不感到过分紧张和疲劳；

（2）处世乐观，态度积极，乐于承担责任，事无大小不挑剔；

（3）善于休息，睡眠良好；

（4）应变能力强，能适应环境的各种变化；

（5）能够抵御一般性的感冒和传染病；

（6）体重适当，身体匀称，站立时头、肩、臀的位置协调；

（7）眼睛明亮，反应敏捷，眼睑不发炎；

（8）牙齿清洁、无龋齿、不疼痛、牙龈颜色正常，无出血现象；

（9）头发有光泽，无头屑；

（10）肌肉丰满，皮肤有弹性，走路轻松有力。

2. 日常生活的健康标准

（1）生理健康标准——"五快"。

吃得快：吃饭有食欲、胃口好、不挑食、吃饭速度快，但不是狼吞虎咽，不知滋味。说明口腔和内脏功能正常。

便得快：大小便排泄通畅、迅速，便后没有疲劳感。说明肠道功能良好。

睡得快：上床就能很快入睡，而且睡眠质量好；醒来时精神饱满，头脑清醒。说明中枢神经系统的兴奋、抑制功能协调，而且内脏无病理信息的干扰。

说得快：说话流利，语言表达准确，能根据话题的转换而随机应变。说明思维清晰、敏捷，精力充足，心肺功能良好。

走得快：迈步有力，行动自如、协调，且转动敏捷。说明身体四肢状况良好。

（2）心理健康标准——"三良好"。

良好的个性：性格温和，感情丰富，乐观向上，心境阔达，胸怀坦荡，没有压抑感。

良好的处事能力：能客观地看待问题，自制能力强，有很强的社会适应性。

良好的人际关系：为人宽厚，交朋友有广泛性，能助人为乐、与人为善，自尊、自信、自强、自爱。

二、健康的要素及其利用

（一）健康的要素

所谓要素，就是构成事物的必要因素。关于健康要素的说法有很多种，在这里，只简单介绍一下健康八要素。

1. 运动

"生命在于运动。"运动是健康的要素之首，是身体的"调节器"。锻炼和运动有助于身体的发育，使人体格健壮。运动分有氧运动和无氧运动：有氧运动如骑自行车、慢跑、游戏、竞走等，能增强心肺功能，加快血液循环，消耗的能量由脂肪提供，肥胖的人要多做有氧运动；无氧运动如举重、短跑、拔河等短暂激烈性的运动，能调节和锻炼肌肉，消耗的能量由肌肉糖提供。一个科学的运动计划应包括这两种运动。

2. 休息

"只工作不玩耍，聪明的孩子也变傻。""不会休息的人就不会工作。"休息主要指睡眠，它可以帮助放松神经，恢复体力，调节身体的机能。还有就是"相对休息"，就是工作累了放下手中的工作，转换注意力，以缓解疲劳。

3. 营养

营养就是有机体从外界吸取需要的物质来维持生长发育等生命活动的作用，这是健康的物质条件（基础）。就其定义而言，人体组织的结构和增长离不开基本的营养素。

4. 心情

"笑一笑十年少，愁一愁白了头。"心情是人的中枢神经系统的抑制与兴奋过程，很容易受外界的干扰与影响。古语有言：狂喜伤心，怒伤肝，思伤脾，忧伤肺，恐伤肾，指的就是心情对人身体的影响。

5. 环境

环境可分为自然环境和社会环境。环境对人的健康的影响是不容忽视的。"孟母三迁"就是一个典型的例子。

6. 阳光、空气和水

这些自然资源是人类赖以生存和生长的源泉，人类一刻也离不开它们。它们是人类健康生存的关键。

（二）健康要素的利用

1. 日光浴

（1）作用。日光浴指按照一定的方法使日光照射在人体上，引起一系列的生理、生化反应的锻炼方法，是人有目的、有意识地让皮肤表层接受太阳光照射的过程。太阳光中的红外线可深入人的体内，起到加热作用，从而使深层组织的血管扩张，以促进血液循环。太阳光中的紫外线具有很强的杀菌能力。能刺激身体的造血机能，使血液中的红细胞增多，从而使皮肤里的麦角固醇转变成维生素 D，其结果将有利于钙、磷等物质的吸收，有利于骨骼、牙齿、肌肉的发育。

（2）方法。在室内，可利用太阳光的反射光线和弥散光线进行。

在室外，一般先在阴凉处进行，等身体适应后再接受太阳光的直接照射。一般温度控制在 22℃左右为最佳。应注意的是：进行日光浴时，一定要保护好眼睛；给婴儿做日光浴时，不要让阳光照射到婴儿的头，最好在室内进行；日光浴不要次数太多，时间太长，否则很容易引发不同程度的皮肤病。

2. 空气浴

空气浴是让身体暴露在新鲜空气中来锻炼身体，以达到强身健体、清除疾病的一种方法。它是利用空气的温度、湿度、气流、气压、散射的日光和阴离子等物理因素对人体的作用，来提高机体对外界环境的适应能力的一种健身锻炼法。空气中的阴离子具有调节神经系统、促进血液循环、镇静镇痛和降低血压的功能。

3. 水浴

水浴是指利用水的不同温度和不同压力而进行的增强体质、促进健康的一种锻炼方法。

根据水温可把水浴分为冷水浴、温水浴和热水浴三种。其中，冷水浴和热水浴的效果比较显著。

（1）冷水浴。冷水浴是指在水温低于 25℃的水中进行擦身、洗澡、淋浴和游泳等，是利用水温、水的器械和化学作用来锻炼身体的方法，是一种利用自然因素锻炼的方法。冷水浴对神经和心血管系统有良好的作用。当人体一接触冷水刺激时，皮肤血管急剧收缩，使大量血液流向人体内脏和深层组织而造成血管扩张。由于神经系统的调节，皮肤血管又扩张，大量血液复又流向体表。这样，全身血管都参加了舒缩运动。血管这种一舒一缩的锻炼，可以增强血管的弹性以防止其硬化。

冷水浴可以促进人体的新陈代谢，改善皮肤的血液循环，使皮肤变得柔润而富有弹性。经常进行冷水浴，能够提高人体对外界的适应能力，增强免疫力。

（2）热水浴。热水浴是最常见的一种体浴方法，一般在水温 45℃左右的水中进行。热水浴能清洁皮肤，提高其抗病能力。进行热水浴锻炼能够促进人体的血液循环，促进新陈代谢，消除疲劳，提高神经系统的兴奋性。

热水浴具有催眠、镇静、止痒的作用，对慢性关节炎、骨折等疾病的康复也有较好的疗效。

4. 环境

环境对人体的健康有着举足轻重的作用。

环境可以分为家庭环境、学校环境和社会环境；也可以分为自然环境和社会环境。无论是哪一种划分，都可以看出环境的重要性。

没有一个良好的环境做生活支持，就会直接影响到一个人的心情，继而影响到身体。

5. 营养

"民以食为天。"物质是维持生命的关键性要素。在高速发展的当今社会，越来越多的人开始注重营养均衡了。营养的均衡决定着人体的正常发育。所以，一定要合理搭配自己的膳食，做到不挑食、不厌食。下面提供一个饮食建议：

（1）每天吃一种海产品；

（2）每周吃一次动物的肝脏；

（3）每周吃一次牛肉；

（4）每周一至两次以豆类为正餐的配菜；

（5）每周两至三次粗粮；

（6）每天吃一种下列的蔬菜：胡萝卜、洋葱、韭菜、菠菜和芹菜；

（7）每天至少喝四杯水。

第三节 运动损伤

遵循体育卫生的原则和要求，遵循体育锻炼的基本规律，科学的健身会起到良好的锻炼效果。反之则差，甚至会导致各种运动伤病，损害人体健康。通过本章学习应掌握运动损伤的产生原因和预防方法，了解损伤的处理和治疗方法，以及伤后康复的相关知识。

一、运动损伤的分类

所谓运动损伤指的是人们在体育运动中所发生的损伤。我们在生活中还经常会发生很多损伤的情况，它们和运动损伤的不同之处在于造成的原因不同。运动损伤的主要原因与运动项目、运动强度，以及运动的动作是否规范、方法是否科学有很大的关系。

运动损伤的分类方法有很多，这里主要介绍几种。

1. 按受伤的组织结构分类

按照组织结构分类，主要包括皮肤损伤、肌肉与肌腱损伤、关节损伤、滑囊损伤、骨损伤、神经损伤、内脏损伤等。

2. 按伤后皮肤、黏膜完整性分类

（1）开放性损伤：伤处皮肤或黏膜的完整性遭到破坏，伤口与外界相通，如擦伤、刺伤、开放性骨折。

（2）闭合性损伤：伤处皮肤和黏膜仍保持完整，伤处无裂口与外界不相通，如挫伤、关节扭伤、腱鞘炎、闭合性骨折。

3. 按伤情轻重分类

（1）轻伤：伤后仍能按原训练计划进行锻炼。

（2）中等伤：伤后不能按原训练计划进行锻炼，需停止患部练习、减少患部活动。

（3）重伤：伤后已经完全不能锻炼了。

4. 按损伤病程分类

（1）急性损伤：指瞬间遭受直接暴力或间接暴力导致的损伤。

（2）慢性损伤：指局部过度负荷、多次轻微损伤累积而成的劳损，或由于急性损伤处理不当而加重陈旧性损伤。

二、产生运动损伤的原因及预防

人们在参加体育活动的实践中，强身体、炼意志、调感情、享受生活。但我们也发现，有些人虽有参加体育活动的热情，但缺乏体育运动卫生的知识，也会导致一些伤害事故的发生，严重挫伤了参加体育运动的积极性。因此，有必要对伤害事故发生的原因及规律作出必要的阐述，提醒大家注意预防伤害，掌握防止受伤的措施。

（一）运动损伤产生的主观原因

（1）思想上麻痹大意。运动时心血来潮，不顾主客观条件，盲目进行锻炼。在训练和比赛中没有采取相应的安全措施。

（2）不做准备运动或者准备运动不合理、不充分。准备活动可以提高神经系统的兴奋性、克服生理惰性、调节赛前状态、避免运动损伤。不做准备活动极易造成肌肉拉伤或关节韧带损伤。

（3）缺乏运动经验和自我保护意识，逞能冒险。比如，游泳不做准备活动，滑冰不戴手套，摔倒时手臂前撑或外旋着地而造成手臂损伤。

（4）动作粗野、违反规则。主要表现为：技术动作不符合要求，运动负荷过大，违反了人体构造的功能特点和生物力学规律。

（5）身心疲劳。实践证明，在疲劳的状态下动作的准备性和协调性显著下降，警觉性和注意力减退、反应迟钝，此时参加剧烈运动或练习较难动作时，就可能发生创伤。

（6）纪律松弛、违反规则。在教学训练中没有贯彻区别对待的原则，忽视学生身体素质的差异，以及做与课程无关的事情也会导致伤害。

（7）体弱或身体有缺陷的人到存有安全隐患的不明水域游泳。

（8）不良的生活习惯、体育锻炼上认识的误区可导致伤害发生。例如，雾天跑步、酒后游泳。

（二）产生运动损伤的其他原因

1. 运动水平低，身体状态不佳

体质弱以及不经常参加体育锻炼的人，缺乏运动经验，身体素质差，尤其是肌肉、肌腱和关节的辅助结构薄弱，关节的稳定性、灵活性较差，动作既不协调也不合理，大脑的反应和自我保护能力差，一旦突然参加剧烈运动和长时间运动就容易受伤。

2. 运动负荷安排不合理

运动负荷小，达不到锻炼效果；运动负荷过大，尤其是局部负荷量过大，超过了人体生理承受力，就容易导致运动损伤。

3. 违反运动原则

准备活动不充分，带伤继续参与剧烈运动，缺乏对易伤部位的保护，疲劳过度，不按照运动技术的规律练习，急于求成等都容易受伤。

4. 运动环境不良

运动场地凹凸不平，砂石满地；积水地滑，无安全保护措施；风沙大雾，光线暗淡；气温过高或过低；器材陈旧或质量差，维护不当；锻炼者的着装、护具不符合要求；人员拥挤等情况，都很容易造成损伤。

5. 思想意识与心理因素

思想麻痹大意，安全意识不强，在运动中注意力不集中，情绪不稳定，赌气斗狠也是造成运动损伤的重要原因。

（三）运动损伤的预防

1. 训练方法要合理

要掌握正确的训练方法和运动技术，科学地增加运动量。对于不同性别、年龄、水平及健康状况的人，训练时在运动量的安排上应因人而异、循序渐进。例如，年龄小的在训练内容上，应把全面身体训练和专项身体训练结合起来，并以全面身体训练为主；在运动量的安排上应考虑到他们的生理特点，与成年人比较起来训练时间要短些，强度、密度要小些。

2. 准备活动要充分

在实际工作中，我们发现不少运动损伤是由于准备活动不足造成的。因此，在训练前做好准备活动十分必要。准备活动可以提高中枢神经系统的兴奋性，克服机体机能活动的生理惰性，为正式练习做好准备。准备活动能增加肌肉中毛细血管开放的数量，提高肌肉的力量、弹性和灵活性，同时也可以提高关节韧带的机能，增强韧带的弹性，使关节腔内的滑液增多，防止肌肉和韧带的损伤。在进行准备活动时，既要使躯干、肢体的大肌肉群和关节充分活动开，也要注意各个小关节的活动。准备活动还应增加一些专项素质的内容。

3. 注意间隔放松

在训练中，每组练习后，为了更快地消除肌肉疲劳，防止由于局部负担过重而出现的运动损伤，组与组之间的间隔放松非常重要。在间隔时间内，一些运动者对这一问题重视不够，他们在每组练习后，往往站在一旁不动或千篇一律地做些放松跑。这样并不能加快机体疲劳的消除，在进行下组练习时还易出现损伤。由于各个项目的练习内容不同，间隔放松的形式也应有所区别。例如，着重于上肢练习的项目，在间隔可做些放松慢跑；着重于下肢的项目结束后，可以在垫子或草地上仰卧，将两腿举起抖动或做倒立。这样一方面可以促进血液的回流，改善血液的供给，另一方面也能使活动肢体中已疲劳的神经细胞加深抑制，得到休息，这对于消除疲劳及防止运动损伤有着积极意义。

4. 防止局部负担过重

训练中运动量过分集中，会造成机体局部负担过重而引起运动损伤。例如，膝关节半蹲起跳动作过多，易引起髌骨损伤；过多地练习鸭步可引起膝内侧副韧带及半月板的损伤。因此，在训练中应避免单调片面的训练方法，防止局部负担过重。

5. 加强易伤部位肌肉力量练习

据统计，在运动实践中，肌肉、韧带等软组织的运动损伤最为多见。因此，加强易伤部位的肌肉力量练习，对于防止损伤的发生具有十分重要的意义。例如，加强股四头肌力量的练习可以防止膝关节损伤，而防止肩关节损伤则应加强三角肌、肩胛肌、胸大肌和肱二头肌的练习。

除上述几条以外，搞好医务监督，遵守训练原则，加强保护，注意选择好训练场地，也是预防运动损伤的重要内容。

三、常见运动损伤预防及应急处置

（一）肌肉拉伤

肌肉拉伤指肌纤维撕裂而致的损伤。主要由于运动过度或热身不足造成，可根据疼痛程度了解受伤的轻重，一旦出现痛感应立即停止运动，并在痛处敷上冰块或冷毛巾，保持30分钟，以使小血管收缩，减少局部充血、水肿。切忌搓揉及热敷。

（二）挫伤

挫伤指身体局部受到钝器打击而引起的组织损伤。轻度挫伤不需特殊处理，冷敷处理24小时后可用活血化瘀酊剂，局部可贴上伤湿止痛膏，在伤后第一天予以冷敷，第二天则热敷，一周后症状可消失。较重的挫伤可用云南白药加白酒调敷伤处并包扎，隔日换药一次，加理疗。

（三）急性腰扭伤

运动时，身体重心不稳或肌肉收缩不协调，引起腰部损伤。多数因腰部受力过重，或脊柱运动时超过了正常生理范围。腰部急性扭伤后，让患者平卧，一般不应立即移动。如果剧烈疼痛，则用担架抬送医院治疗。处理后，应使伤者卧硬板床或在腰后垫一个枕头，使其肌肉韧带处于放松状态。也可针灸、外敷伤药或按摩治疗。

（四）肩关节扭伤

一般因肩关节用力过猛以及反复劳损所致，也有的是因技术错误，违反解剖学原则而造成损伤，如投掷、排球扣球、大力发球时常出现这类损伤。其症状有压痛、疼痛，急性期有肿胀，慢性期三角肌可能出现萎缩，肩关节活动受限。单纯韧带扭伤，可采用冷敷、加压包扎。24小时后可采用理疗、按摩和针灸治疗。出现韧带断裂时，应立即送医院缝合和固定处理。肩关节肿胀和疼痛减轻后，可适当施行功能性锻炼，但不宜过早活动，以防止转为慢性。

（五）踝关节扭伤

运动中跳起落地时失去平衡，使踝关节过度内翻或外翻致伤。准备活动不充分，场地不平坦的情况下，更易造成这类损伤。主要症状为伤处疼痛、肿胀，韧带损伤处有明显压痛、皮下淤血。受伤后，应立即冷敷，用绷带固定包扎，并抬高伤肢，24 小时后，根据伤情采取综合治疗，如外敷伤药、理疗、按摩，必要时做封闭治疗。待病情好转后，施行功能性练习。对严重患者，可用石膏固定。

（六）擦伤

擦伤即皮肤的表皮擦伤。如擦伤部位较浅，涂红药水即可；如擦伤创面较脏或有渗血时，应用生理盐水清创后再涂上红药水或紫药水。

（七）撕裂伤

在剧烈、紧张运动时，或受到突然强烈撞击，造成肌肉撕裂。包括开放伤和闭合伤两种。常见有眉际撕裂、跟腱撕裂等。开放伤顿时出血，周围肿胀。闭合伤触及时有凹陷感和剧烈疼痛。轻度开放伤，用红药水涂抹伤处即可；裂口大时，则需止血和缝合伤处，必要时注射破伤风抗毒血清，以防破伤风症，如肌腱断裂，则需手术缝合。

（八）骨折

常见骨折分为两种，一种是皮肤不破，没有伤口，断骨不与外界相通，称为闭合性骨折；另一种是骨头的尖端穿过皮肤，伤口与外界相通，称为开放性骨折。对开放性骨折，不可用手回纳，以免引起骨髓炎，应用消毒纱布对伤口做初步包扎、止血后，再用平木板固定送医院处理。骨折后肢体不稳定，容易移动，会加重损伤和剧烈疼痛，可找木板、塑料板等将肢体骨折部位的上、下两个关节固定起来。若一时找不到外固定的材料，骨折在上肢者，可屈曲肘关节固定于躯干上；骨折在下肢者，可伸直腿足，固定于对侧的肢体上。怀疑脊柱有骨折者，需躺卧在门板或担架上，躯干四周用衣服、被单等垫好，不致移动，以防引起伤者脊髓损伤而发生截瘫。昏迷者应俯卧，头转向一侧，以免呕吐时将呕吐物吸入肺内。怀疑颈椎骨折时，需在头颈两侧置一个枕头或扶持患者头颈部，使其在运输途中不发生晃动。

（九）关节脱位

因受外力作用，使关节面失去正常的连接关系，叫关节脱位，又称脱臼。关节脱位可分为完全脱位和半脱位（或称错位）两种。严重的关节脱位，伴有关节囊撕裂，甚至损伤神经。运动中发生的关节脱位，大都是间接外力撞击所致，可用长度和宽度相称的夹板固定伤肢。如果没有夹板，可将伤肢固定在自己的躯干或健肢上，防止震动，随后及时送医院治疗。必须指出，如果没有把握做整复处置时，切不可随意做整复手术，以免再度增加伤害。

（十）脑震荡

脑震荡是指头部受外力作用后，脑的神经细胞和神经纤维因被震荡而引起的一时性意识和机能障碍。患者出现的意识障碍，一般较轻，也有意识一时性丧失（昏迷）或神志恍惚等情况，但时间长短不一，短则几秒钟，长则几分钟乃至几十分钟不等。急救时应让伤员平卧、安静，不可坐起或立起。头部冷敷，身上保暖。若有昏迷可指掐人中穴和内关穴，呼吸发生障碍时，可施以人工呼吸。上述处理后，如果反复昏迷或耳鼻口出血、瞳孔放大又不对称，表明病情严重，应立即护送医院治疗。在运送途中，要让患者平卧，头部固定，避免颠簸。

四、运动中常见的生理反应、运动损伤和运动性疾病及其防治

（一）肌肉酸痛

长时间未运动，刚进行体育锻炼或进行一次运动量较大的锻炼后，往往会出现肌肉酸痛。一般出现在运动结束后 1～2 天，这被称为"延迟性疼痛"。

1. 原因

（1）乳酸堆积过多（以前说法）。

（2）局部肌纤维及结缔组织的细微损伤，以及部分肌纤维的痉挛。

2. 处理

（1）对酸痛局部肌肉进行热敷。

（2）对酸痛局部肌肉进行按摩。

（3）口服维生素 C，促进结缔组织中胶原蛋白的合成，加速受损组织的修复。

（二）肌肉痉挛

肌肉痉挛，俗称"抽筋"，是指肌肉不自主地强行收缩（即肌肉收缩不受大脑的控制）。

1. 原因

（1）电解质失调，大量排汗电解质丢失过多。

（2）肌肉收缩舒张失调或损伤。

（3）寒冷的刺激。

2. 多发部位

屈指、屈趾肌，小腿腓肠肌。

3.处理

（1）静力牵引。

（2）补充电解质。

（3）离开寒冷环境。

（4）热敷、按摩。

（三）极点和第二次呼吸

1.极点

极点是指人体在剧烈运动时，由于内脏器官的活动能力落后于运动器官的需要，而产生的一种特殊的机能障碍，特别是氧债的不断积累，酸性物质堆积在血液中，会引起呼吸和循环系统活动失调，使人产生一种非常难受的感觉，如呼吸困难、胸闷、下肢沉重、动作迟缓，并伴有恶心等现象。

2.第二次呼吸

极点出现后，再继续坚持运动（放慢速度、加深呼吸），随着机能的调节及内脏器官机能的改善，氧供增加，运动能力又将提高，极点会逐渐消失，生理过程出现新的平衡，感觉呼吸顺畅，脚步轻松。

（四）运动中腹痛

运动中腹痛可表现为腹部钝痛、胀痛或刺痛，多见于长跑中。

1.原因

（1）胃肠痉挛，引起钝痛（饭后运动，运动后饮用冰镇饮料）。

（2）肝脾淤血，引起胀痛。

（3）腹腔内脏器官慢性病变，如肝炎、慢性阑尾炎而引起刺痛。

2.处理

（1）减速慢跑、弯腰跑，加深呼吸。

（2）对胀痛的腹部揉按。

（3）若腹腔脏器本身有慢性病变，应去医院进行治疗。

注意：饭后半小时以内不要进行剧烈运动。

（五）擦伤

皮肤表面被粗糙物摩擦所引起的表面损伤叫擦伤。

1.轻微擦伤

轻微擦伤指表皮毛细血管出血，用生理盐水或2%的硼酸液冲洗，再用1%～2%的红汞或1%～2%龙胆紫（紫药水）涂抹。

2.重度擦伤

重度擦伤指静脉或动脉出血，采用压迫止血法。

（1）颈总动脉：压甲状软骨外搏处，用于颈部及头面部出血时。

（2）锁骨下动脉：按压锁骨上窝处，用于上臂上部，肩部出血。

（3）肱动脉：在上臂的上中 1/3 交界处，肱二头肌内侧缘处，用四指压向肱骨，用于前臂及手部出血时。

（4）股动脉：指压大腿前近腹股沟的搏动处，用于下肢出血时。

（六）肌肉拉伤

肌肉主动强烈地收缩或被动过度地拉长所造成的肌肉细微损伤或部分撕裂或完全断裂，称为肌肉拉伤。

1.原因

运动前准备活动不充分，肌肉处于黏滞状态，突然用力，肌肉不能承受拉力造成肌纤维断裂。

2.处理方法

（1）冷敷。

（2）经 24 ～ 48 小时热敷、按摩。

（3）药物治疗。

注意：运动前的准备活动要充分。

（七）软组织损伤

主要是韧带的扭伤、拉伤、挫伤等。

处理方法：

（1）冷敷。

（2）经 24 ～ 48 小时热敷、按摩。

（3）药物治疗。

（八）重力性休克

剧烈运动时，下肢肌肉活动加强，肌肉处于有节奏的收缩和舒张状态，使血液能顺利地回流到心脏，但中长跑到达终点突然停止下来，会影响全身血液的供应。特别是脑部血液供应暂时不足而产生暂时性脑缺血。这种现象在生理学上称为"重力性休克"。

1.原因

在中长跑到达终点时突然停止下来，肌肉的血管仍然处于舒张状态，同时失去肌肉对血管的挤压作用，加上重力作用对血液的影响，使大量血液滞留在下肢，不能及时回流到心脏，造成心输出量突然减少，血压下降，因此会发生暂时性脑缺血。

2. 症状

眼前突然发黑、头晕、两腿无力、全身发软、面色发白、出虚汗、恶心、呕吐，严重者甚至晕倒。

3. 预防

坚持锻炼，增强体质，急跑后不能马上停下来。

4. 处理

（1）使休克者平卧，头低脚高，下肢做向心性揉推按摩。

（2）昏迷者可指掐人中、百会、涌泉等穴位。

（3）停止呼吸者可做人工呼吸。

（九）中暑

中暑是在高温环境中长时间运动或工作，体内热量难以散发出来而引起的一种急性病。

1. 原因

（1）热痉挛，电解质丢失过多。

（2）热衰竭，能量消耗过多。

（3）日射病，阳光长时间照射头部，造成大脑皮层轻微损伤。

（4）高热中暑，机体体温调节出现障碍。

2. 表象

（1）头晕头痛、全身乏力、烦躁、恶心、呕吐、体温正常、面色正常。

（2）头晕头痛、全身乏力、烦躁、恶心、呕吐、体温正常、面色苍白、大量排汗。

（3）头晕头痛、全身乏力、烦躁、恶心、呕吐、体温正常、面色潮红。

（4）头晕头痛、全身乏力、烦躁、恶心、呕吐、体温升高、皮肤干燥有灼热感。

3. 处理

（1）迅速离开热环境，敞开衣服。

（2）头部或全身冷敷（水或酒精）。

（3）补充水分（凉开水或淡盐水）、补充能量。

（4）口服药物，如藿香正气水、十滴水、人丹。

（十）溺水

1. 原因

不熟水性、肌肉痉挛、吃饱饭。

2. 救护步骤

（1）救上岸。

（2）倒水，先清除口腔内的异物和分泌物。

（3）人工呼吸。注意：捏住鼻子，呼吸频率为 16 次／分钟左右。

（4）人工胸外按压。注意：频率要快，应为 60～80 次／分钟，两手重叠在溺水者胸前均匀缓慢用力下压，然后迅速放手。

3. 判断死亡的方法

（1）呼吸停止。

（2）心跳停止。

（3）瞳孔散大。

（4）心电图呈一条直线。

第二章 科学的体育锻炼

体育锻炼是指人们根据自我需要而选择和运用各种体育手段，并结合自然力和卫生措施，以发展身体、增进健康、增强体质、调节精神、丰富文化生活和支配工余（课余）时间为目的的活动。其目的是增强体质，提高各系统的功能，促进生长发育和提高生活质量。

第一节 体育锻炼的原则

《体育法》规定，国家提倡公民参加社会体育活动，增进身心健康。社会体育活动应当坚持业余、自愿、小型多样，遵循因地制宜和科学文明的原则。锻炼要取得良好的效果，要做到主客观统一，必须遵循增强体质的生理规律和心理活动规律。其基本原则可归纳为以下几个方面。

一、提高认识，自觉锻炼

提高认识，指锻炼者必须提高对体育锻炼重要意义的认识和体育健身的意识。自觉锻炼，指进行体育锻炼要出自锻炼者内在的需要和自觉行动，亦称自觉积极性原则。自觉来自对体育价值有正确的认识和发自内心的需要。在不断深化认识体育价值的过程中，提高直接参与体育健身的意识，激发锻炼身体的自觉性和积极性，由"要我锻炼"转化"我要锻炼"，才能克服自身的惰性，排除各种不利因素的干扰，培养对某项体育活动的兴趣，养成经常锻炼身体的良好习惯。只有提高体育活动的意识，把体育锻炼作为日常生活中不可缺少的一部分，才能获得愉悦的情感体验，达到理想的锻炼效果。此外，定期检测锻炼效果，获得信息反馈，经常了解自己锻炼的结果和进步，增强自信心，有助于提高和巩固锻炼身体的自觉性积极性。

二、循序渐进，持之以恒

循序渐进，是指要遵循人体发展和适应环境的生理规律。人体各器官系统的活动功能，有一个逐步适应、逐步提高的过程。锻炼身体的运动量要由小到大，运动的持续时间、距离、次数、速度、频度和强度等要逐渐增加，锻炼的内容和方法也要由易到难，从简到繁，逐步提高。

每星期至少要锻炼 3～4 次，每次不少于 1 小时。

持之以恒是指体育锻炼必须是经常性的，并使之成为日常生活中的重要内容。生命在于运动，运动贵有恒，体育锻炼可以刺激人体机能，但是，如果不是经常性的，人体机能就会还原到原来的状态，"逆水行舟，不进则退"就是这个道理。

三、适量负荷，因人而异

适量负荷，指体育锻炼要承受适宜的生理负荷。因为锻炼的效果，很大程度上取决于运动刺激的强度，运动量太小，对机体的影响轻微，不足以引起人体生理功能的变化，锻炼效果不佳。运动量过大，反而有损身体健康，引起运动性疾病。

普通健康人锻炼身体的运动负荷量，一般采用心率百分数来确定，即有氧锻炼，以本人最高心率的 70%～80% 的强度；无氧锻炼以本人最高心率的 90% 的强度进行锻炼。最高心率的直接测量比较困难，一般用（220－年龄）来估算每分钟的最高心率。例如，20 岁大学生的运动负荷量应控制在心率为（220－20）×（70%～80%）＝140～160 次/分的范围内。

四、全面发展，讲求实效

全面发展是要求体育锻炼必须追求身心全面协调发展，使身体形态结构、生理功能、运动能力、各种身体素质以及心理素质等方面得到全面和谐发展，塑造健美的体形体态。

人体是由各器官系统有机联系的整体。局部机能的提高，必然促进机体其他机能的改善；当某一素质得到发展时，其他素质也会不同程度地有所发展。但每一项运动项目都有一定的局限性，如果体育锻炼的内容和方法单一化，机体就不能获得良好的整体效应。长期只从事力量练习和健身运动，心肺功能和耐力素质就不会得到较大的提高；长期只从事长跑锻炼，虽然会获得良好的耐力素质，而速度、力量素质的发展会相对较差；长期以某一侧肢体活动，则会影响整个机体的匀称发展。

锻炼身体要讲求实效，不追求运动的外部形式，每个人从自己身体的实际或职业需要出发，以一些锻炼效果大、自己感兴趣的运动项目为主，辅以其他运动项目或各种辅助练习，使身体得到全面协调的发展。

五、因地制宜，讲究卫生

因地制宜，指体育锻炼者应根据不同地区和环境条件来选择适宜的运动项目，安排锻炼身体的手段和方法。各个地区、学校之间，甚至同一学校的各系之间，可供体育锻炼的场地、器材设备等条件都会有所差异。锻炼身体要充分利用自然环境因素，靠近江河湖海的地方，应开展多式多样的水上运动。靠山的地方，可开展登山、越野等活动。校园环境，林荫小道，学生宿舍的楼梯、天台，亦可用于开展小型多样的体育活动。总之，只要提高参与体育健身的意识，有自觉锻炼的愿望，"运动场就在你身边"。我国高等学校学生人数较多，供学生课外体育锻炼的场地、器材设备普遍不足，更要利用各种可以利用的场地，开展形式多样、简单易行的体育活动，以活跃大学生的校园文化生活。

第二节 合理的体育锻炼方法

科学的锻炼方法，能使体育锻炼达到事半功倍的效果。所以，掌握合理的体育锻炼方法是非常重要的。那么，体育锻炼方法究竟有哪些呢？下面我们对此作简单的介绍。

一、体育锻炼的一般方法

（一）重复锻炼法

重复锻炼法是指在相对固定的条件下，根据完成动作的基本要求而进行反复练习的方法。重复的次数和时间以及练习的负荷强度，是健身效果的关键，要根据所选项目来确定重复练习的次数、时间和负荷量，并且要注意克服厌倦情绪，防止机械呆板，以免造成锻炼效果不理想。

（二）间歇锻炼法

间歇锻炼法是指严格规定每次练习的内容、强度和休息时间，在身体各器官未能得到完全恢复的情况下就开始进行下一组练习的方法，它是提高锻炼效果的一种常用的锻炼方法。间歇锻炼法的休息时间要根据负荷的强度来合理安排。一般情况下，负荷强度大，超过上限时，休息时间要长一些；负荷强度小，低于上限时，休息时间就短一些。当然，也可以根据自己的身体状况来合理安排休息的时间。

（三）变换锻炼法

变换锻炼法是指有目的地变换锻炼内容、锻炼强度和锻炼环境等条件而进行锻炼的方法。用变换锻炼条件可以有效地调节生理负荷，提高兴奋性，强化锻炼意志，克服疲劳和厌倦情绪。变换锻炼法其实就是转移注意力法，常采用各种辅助性、诱导性和转移性练习，并配合乐曲，使机体不断产生适应性的变化。

（四）循环锻炼法

循环锻炼法是指由不同锻炼内容组成一组，并按照一定的顺序循环往复地进行锻炼的方法。这种方法具有综合锻炼的效果。运用此种方法，必须严格控制练习负荷的强度。对于内容的安排，也最好是能够起到相互补充作用的内容相互搭配，使之真正起到综合锻炼的效果。

二、身体素质的锻炼方法

身体素质是指人体在运动、劳动和日常活动中，在中枢神经调节下，器官系统所表现出的机能能力，主要包括力量、速度、耐力、灵敏和柔韧等五个方面。身体素质的好差，是衡量一个人体质状况的重要标志。

（一）力量素质锻炼

力量是指肌肉紧张或收缩时克服内外阻力的能力，是身体素质的基础。

发展静力性力量的方法：一般是用最大力来完成，保持一定姿势不变，用极限的力量对抗固定的物体。

发展动力性力量的方法：用克服自身体重的跑、跳、引体、支撑等练习以及克服外界阻力的举重、举哑铃等练习。

发展绝对力量的方法：主要是克服阻力，阻力大、组数多、次数少的练习有利于绝对力量的增长。

发展相对力量的方法：要求锻炼者具有较大克服自身体重的能力，如体操、短跑、举重、摔跤等项目。应采用重量大、次数少、速度快的方法练习。

发展速度力量的方法：应采用中重量、中次数、组数少的方法来练习。

（二）速度素质锻炼

速度素质是指人体以最短的时间完成动作的能力，它是人的基本身体素质之一。通常将速度素质分为反应速度、动作速度和位移速度等三种。反应速度是指神经系统的灵活性和人体对各种信号刺激发生快速反应的能力。动作速度是指人体快速完成某一动作的能力。位移速度是指在周期性运动中，单位时间内人体快速移动的能力。

发展反应速度的方法：利用不同的信号刺激让练习者做出相应的反应。也可以有针对性地设计一个移动目标，让练习者做有目的的练习。

发展动作速度的方法：动作速度的练习一般表现在一些成套的动作练习上。这些练习有一定的节奏，而且要求锻炼者对动作有很高的熟练程度。

发展位移速度的方法：影响位移速度的主要因素是频率和幅度以及下肢的爆发力。所以，进行位移锻炼最好以快速小步跑和短距离冲刺为主。

（三）耐力素质锻炼

耐力素质是人体各器官系统机能和心理素质的综合表现。按运动的类型可分为速度耐力、力量耐力、一般耐力。从生理学角度来讲，耐力可分有氧耐力和无氧耐力。有氧耐力指机体在供氧充足的情况下克服疲劳的能力。有氧耐力的锻炼主要是提高有机体供氧功能，促进肌肉新陈代谢能力。无氧耐力指机体在供氧不足的情况下克服疲劳的能力。

发展有氧耐力的方法：运动时间控制在20分钟以上。可采用跑步、跳绳、打球、骑自行车、溜冰等方式来进行锻炼。

发展无氧耐力的方法：主要是采用大强度、负荷时间短的运动项目，如100米、200米和400米冲刺跑等进行锻炼，而且一定要根据自己的身体状况对休息的时间和强度进行合理安排。

（四）灵敏素质锻炼

灵敏是指在多变的运动环境中迅速改变身体位置的能力。主要有两种锻炼方法：一是在快速跑中完成各种动作；二是以球类练习为主，如乒乓球等。

（五）柔韧素质的锻炼

柔韧是人体各个关节的活动幅度以及肌肉、肌腱和韧带等软组织的伸展能力。

主要锻炼方法是静力性拉长肌肉和动力性牵引，如压、搬、劈、转体、体前屈、踢腿、摆腿等。锻炼柔韧素质要坚持静力和动力、主动和被动相结合的原则。

三、日常的锻炼方法

（一）散步

俗语有言：饭后百步走，活到九十九。散步是体育锻炼中最简便易行的锻炼方法，而且不受时间、空间的限制。

（二）跑步

跑步是有关肌肉群反复活动的有氧运动，可以有效地消耗身体多余的热量，有助于减少脂肪和减轻体重。

（三）游泳

游泳与跑步相似，但由于受到水的浮力和阻力，消耗掉的能量却是跑步的 4 倍。

（四）跳绳

跳绳可以有效提高心血管系统和呼吸系统的功能，同时，也可以提高人体的协调性和平衡性，使人动作灵敏，迅速。

（五）保健操

保健操可以增加身体关节的灵活度和柔韧度，使身体肌肉得到有效的拉伸。但要注意做操时，动作一定要到位，力度要适中。

除此之外，还有利用自然力锻炼的方法，如日光浴、空气浴、冷水浴和热水浴等都可以达到健身的效果。

第三节　制定运动处方

运动处方的概念最早是美国生理学家卡波维奇在 20 世纪 50 年代提出的。20 世纪 60 年代以来，随着康复医学的发展及对冠心病等疾病的康复训练的开展，运动处方开始受到重视。1969 年世界卫生组织（WHO）开始使用运动处方术语，并在国际上得到认可。运动处方的完整概念是：康复医师或体疗师，对从事体育锻炼者或病人，根据医学检查资料（包括运动试验和体力测验），按其健康、体力以及心血管功能状况，用处方的形式规定运动种类、运动强度、运动时间及运动频率，提出运动中的注意事项。运动处方是指导人们有目的、有计划和科学地锻炼的一种方法。

那么，运动处方是由哪几方面组成的呢？以下作详细介绍。

一、健康检查

了解锻炼者的一般身体发育、伤病的情况和健康状况，以确定是否是健身运动的适应者，有无禁忌证。

二、运动负荷测定

检测和评定锻炼者对运动负荷的承受能力。以心肺功能为主，进行安静和运动状态下的生理功能检测，主要有心率、血压、肺活量等指标。

三、体能测定

进行力量、耐力、速度和灵敏的身体素质检测，从中判定锻炼者的运动能力和生理机能的状况。

四、制定运动处方

（一）运动目的

通过有目的的锻炼达到预期的效果。由于各人的情况千差万别，运动处方的目的有健身的、娱乐的、减肥的、治疗的等多种类型。

（二）运动项目

在运动处方中，为锻炼者提供最合适的运动项目关系到锻炼的有效性和持久性。选择运动项目，要考虑运动的目的，是健身的，还是治疗的；要考虑运动条件，如场地器材、余暇时间、气候等；还要结合体育兴趣爱好等。

（三）运动强度

运动强度是运动时的剧烈程度，是衡量运动量的重要指标之一，可用每分钟的心率次数来表示大小。一般认为学生心率：120 次／分钟以下为小强度，120 ～ 150 次／分钟为中强度，150 ～ 180 次／分钟或 180 次／分钟以上为大强度。测量运动强度的简单办法是：测量运动后 10 秒钟脉搏 ×6，就是 1 分钟的运动强度。

1. 适宜运动强度范围

可用靶心率来控制：以本人最高心率的 70% ～ 85% 的强度作为标准。

靶心率 ＝（220 － 年龄）×（70% ～ 85%）。如 20 岁的靶心率就是 140 ～ 170 次／分钟。

2. 最适宜运动心率

计算公式：

最大心率＝ 220 －年龄

心率储备＝最大心率－安静心率

最适宜运动心率＝心率储备 ×75% ＋安静心率

如某大学生 20 岁，安静心率 70 次 / 分钟，他的最大心率为 220 － 20 ＝ 200 次 / 分钟，心率储备为 200 － 70 ＝ 130 次 / 分钟，最适宜运动心率为 130×75% ＋ 70 ＝ 167.5 次 / 分钟。

3. 体重测量

体重在锻炼刚开始时有所下降是很正常的，这是因为锻炼时消耗了水分和脂肪。经过 3 ～ 5 周后，体重比较稳定并开始恢复。再坚持一段时间，体重会有所恢复，并保持在一定水平上，这说明锻炼计划的安排是科学合理的。

脉搏测量：经过运动，脉搏应该比运动前有力了，但是依然保持正常人水平（60 ～ 100 次 / 分钟）。

反映身体形态的维尔维克指数评定，公式：

[体重（千克）＋胸围（厘米）]/ 身高（厘米）×100%

正常情况下，男、女都以大于 90 为好；大于 75 小于 90 为较好；大于 60 小于 75 为一般；小于 60 为差。

反映身体机能的肺活量指数评定，公式：

肺活量（毫升）/ 体重（千克）

男、女标准为：大于 90 为好；大于 75 小于 90 为较好；大于 60 小于 75 为一般；小于 60 为差。

（四）运动时间

运动时间指一次锻炼的持续时间。它与运动强度紧密相关，强度大，时间应稍短，强度小，时间应稍长。有氧锻炼一般 30 分钟左右就可以达到较好的效果。

（五）运动频度

运动频度指每周的锻炼次数。

关于运动频度，日本的池上晴夫研究表明，1 周运动 1 次，肌肉酸痛和疲劳每次发生，运动后 1 ～ 3 天身体不适，效果不蓄积；1 周运动 2 次，酸痛和疲劳减轻，效果有点蓄积，不明显；1 周运动 3 次，无酸痛和疲劳，效果蓄积明显；1 周运动 4 ～ 5 次，效果更加明显。可见，1 周运动 3 次以上，效果才明显。

五、效果检查

由于个人情况千差万别，在实行运动处方的过程中，可能会有不合适的地方，应在实践中及时检查和修正，以保证锻炼的效果。

六、大学生运动处方示例

减肥的运动处方

姓名：赵红　　性别：女　　年龄：20岁　　职业：学生

体育爱好：羽毛球

健康检查：良好，身高1.55米，体重60千克，体脂中度超重，病史无

运动负荷测定：台阶实验，安静脉搏79次／分，血压75／15.33千帕，肺活量2 800毫升

体能测定：力量为仰卧起坐25个／分钟，耐力为800米跑4分5秒

体质评定：健康状况，良；体重过重，心肺功能稍差

运动目的：减肥和健身

运动项目：羽毛球、健身跑、健美操、篮球等

运动强度：由小逐渐加大，心率在靶心率范围，即140～170次／分钟

运动时间：12周（减少体重3～5千克），每次30～60分钟

运动频度：4～5次／周

注意事项：适当控制饮食，减少糖、油脂的摄入，可吃一定的蔬菜、水果，有病发烧停止运动

自我监督：心率

处方者：×××
20××年×月×日

第四节　体质测定与评价

一、体质测定及评价的意义

体质测定及评价是一门研究人体的综合性科学。它首先通过对人体形态、生理机能、身体素质进行检测，然后对各项指标的数据加以整理，用于评定体质的状况、特征来比较不同人群、不同个体的体质水平，进而鉴定和完善增强体质的各种措施。在我国高校开展体质测定及评价，主要是以提高教学质量、增强学生的体质为中心进行的。其目的在于克服教师在体育教学和学

生在体育锻炼中的盲目性，有的放矢地选用相应的内容和方法，从而切实有效地达到学校体育的目的，实现学校体育科学化。

（1）有利于实现学校体育科学化，促进学校体育卫生工作的科学研究，提高教师的业务水平和科研水平。有利于使学校有关部门及时了解学生的体质状况，掌握学生体质变化的客观规律，并为制定教学大纲、教学计划、选择适当的教材和教法提供科学而有价值的依据。

（2）有利于学生及时了解自身体质的变化。体质测定及评价是科学锻炼身体的基础知识，也是学生锻炼身体和调控运动处方的依据。可以激发其锻炼身体的自觉性和积极性，促进学校体育的普及和提高。

（3）体质测定及评价是考查学校体育卫生工作效果的重要手段。全国统一执行的《大学生体育合格标准》《国家体育锻炼标准》和《中国成年人体质测定标准》中均提供了体质测定的统一标准和手段，为全国学生和成年人体质研究提供了标准化的信息资料，学校领导可以根据对体质测定及评价结果的分析研究，不断改善学校体育、卫生工作。各级政府也可以据此了解体育政策的实施情况，并发现问题、修订政策。

二、测试具体项目

（一）身份确认

1. 为何要进行身份确认

由于本次购买的测试设备为感应卡模式，学生持就餐卡在感应器上感应后，卡号就保存在学生名库中，测试后经过传输，所测试数据将自动保留在测试主机中，这就保证了测试科学、准确、有效进行。

2. 如何进行身份确认

学生持本人学生证和就餐卡，将卡和证交给负责身份确认的教师，报出自己学号的最后两位，由教师完成确认工作，完成确认后就可以进行测试。

（二）握力

1. 握力体重指数

握力体重指数反映的是肌肉的相对力量，即每千克体重的握力，是评价上肢肌肉力量的指标。它的计算公式为：

握力体重指数＝握力（千克）/体重（千克）×100

2. 握力测试方法

使用电子握力计，两脚自然分开成直立姿势，两臂自然下垂。一手持握力计全力紧握（此时电子握力计不能接触衣服和身体），电子握力计显示数字为测试数据。用有力手握两次，取最大值，以千克为单位。测试时保留 1 位小数。

（三）肺活量

1.肺活量

肺活量可以反映肺的容积和扩张能力，是评价人体呼吸系统机能善的一个重要指标，常用于评价人体生长发育水平和体质状况，它的计算公式为：

肺活量体重指数＝肺活量（毫升）/ 体重（千克）

2.肺活量测试方法

目前我们采用的是电子肺活测试仪，使用干燥的塑料吹嘴（每名学生使用的吹嘴都已经过消毒）。测试者深吸一口气后，向吹嘴处慢慢呼出至不能再呼出为止。吹气完毕后，液晶屏上最终显示的数字即为肺活量（毫升）值。共测两次，每次间隔 15 秒，记录最大值作为测试结果。以毫升为单位，不保留小数。

（四）立定跳远

1.立定跳远

立定跳远主要是测量向前跳跃时下肢肌肉的爆发力，它是评价下肢爆发力的指标。

2.立定跳远的测试方法

两脚自然分开站立，站在起跳线后，脚尖不得踩线。两脚原地同时起跳，不得有垫步或连跳动作。丈量起跳线后缘至最近着地点后缘的垂直距离。每位学生可试跳三次，取其中成绩最好一次。以厘米为单位，不计小数。

（五）身高体重

1.身高体重

身高体重主要用来评价身体匀称度，间接反映身体成分。

2.身高体重测量方法

立正姿势站在测试器踏板上，上臂下垂，足跟并拢，足尖分开约成 60°角，躯干自然挺直，头部保持正直。在测量身高的同时，体重数据也被仪器自然读出。记取以厘米为单位，精确到小数点后一位。

（六）中长跑（女生 800 米／男生 1000 米）

1. 场地器材

计时表 4 个，小红旗 2 面，口哨 2 个，发令枪 2 把。

2. 测试方法

（1）先做好准备活动，测试者出示身份证，经检录裁判核实身份并领取带号码的中长跑背心，将背心套上后将身份证交给检录裁判，在班级名单上记录小号码，按 20 人一组完成检录后将考生身份证和检录名单交成绩记录裁判，并将考生带至起点处，起点裁判交代注意事项引导考生进入起跑线，采用站立式起跑。考生听起点裁判发出的"各就位→预备→跑"指令起跑。

（2）计时器随起跑声开始计时，学生到达终点线时由计时裁判甲唱报测试者名次，直至最后一名学生在有效时间内到达终点。同时另一计时裁判在记录单上根据终点裁判的唱报作好名次、号码记录，核对无误后将计时表交给记录裁判。学生按名次到终点记录处领取身份证，记录裁判核对确认登记成绩。

（3）测试过程中，计时裁判负责做好学生跑步套圈的记录，并对学生的犯规及时提醒。如遇学生途中摔倒、学生途中受阻等影响学生正常发挥的情况，测试组长可根据实际情况决定学生是否进行重测或建议学生办理再次测试。

第三章 篮球

第一节 篮球运动概述

现代篮球 1891 年 12 月初由美国马萨诸塞州斯普林菲尔德市基督教青年会国际训练学校（后为春田学院）的体育教师詹姆斯·奈史密斯博士发明。

1891 年，奈史密斯在马萨诸塞州斯普林菲尔德基督教青年会国际训练学校任教。这所学校体育系主任卢瑟·古利克为贯彻冬季体育课教学大纲委托他设计一项室内集体游戏。起初，奈史密斯将两只桃篮分别钉在健身房内看台的栏杆上，桃篮上沿距离地面 3.04 米，用足球作比赛工具，向桃篮投掷。投球入篮得 1 分，按得分多少决定胜负。每次投球进篮后，要爬梯子将球取出再继续进行比赛。后来逐步将竹篮改为活底的铁篮，再改为铁圈下面挂网。人们称这种游戏为"奈史密斯球"或"筐球"，很长一段时间之后，经过与同事们反复商量才定名为"篮球"。

到了 1893 年，形成近似现代的篮板、篮圈和篮网。最初的篮球比赛，对上场人数、场地大小、比赛时间均无严格限制，而且运动员动作粗野。只需双方参加比赛的人数相等。比赛开始，双方队员分别站在两端线外，裁判员鸣哨并将球掷向球场中间，双方跑向场内抢球，开始比赛。持球者可以抱着球跑向篮下投篮，首先达到预定分数者为胜。1892 年，奈史密斯制定了 13 条比赛规则，主要规定是不准持球跑，不准有粗野动作，不准用拳击球，否则即判犯规，连续 3 次犯规判负 1 分；比赛时间规定为上、下半时，各 15 分钟；对场地大小也作了规定。上场比赛人数逐步缩减为每队 10 人、9 人、7 人，1893 年定为每队上场 5 人。

1904 年第 3 届奥林匹克运动会上第 1 次进行了篮球表演赛。1908 年美国制定了全国统一的篮球规则，并用多种文字出版，发行于全世界。这样，篮球运动通过多种方式逐渐传遍美洲、欧洲和亚洲，成为一项世界性运动项目。1936 年第 11 届奥运会将男子篮球列为正式比赛项目，并统一了世界篮球竞赛规则，女子篮球是 1976 年第 21 届奥运会上才列为正式比赛项目的。从 1936 年到 1948 年的 10 多年间，规则曾多次修改，规则的改变促进了人员和技术、战术的进一步发展变化。特别是 20 世纪 50 年代后期以来，规则的改变对篮球比赛的攻守速度，对运动员的身体、技术、战术以及意志、作风等各方面都不断提出新的更高的要求，促进了篮球技术水平的迅速提高。

第二节 篮球基本技术

一、移动

篮球的基本技术是篮球运动的基础，是进行篮球运动所必需的专门技术的总称。主要分为进攻和防守两部分。其中，进攻技术有传球、接球、运球、投篮和持球突破等；防守技术有防守无球队员、防守有球队员和抢断球等。

移动是篮球运动各项技术的基础，是篮球比赛中队员为了改变位置、方向、速度和争取高度以获得攻守主动所采用的各种脚步动作方法的总称。移动技术主要包括基本站立姿势、起动、变速跑、变向跑、侧身跑、急停、转身和滑步等。技术要求是突然、快速、灵活、协调。

（一）基本站立姿势

基本站立姿势是要求时刻准备移动身体位置，进行进攻或防守的姿势，也是准备起跳接球和跑动向前进行抢断球的姿势。它的动作要领是两脚自然开立，与肩同宽或略宽于肩，膝盖稍屈，上体向前微倾，身体重心置于两腿之间，两臂自然屈肘置于体侧，目视场上情况。

（二）起动

起动是由静止状态转向运动状态的一种脚步动作。突然快速的起动是进攻者摆脱防守者，防守者堵截和抢占有利位置的有效方法。动作要领是起动前保持基本站立姿势。起动时，后脚的脚掌蹬地要快，移动重心和脚步频率要快。

（三）急停

急停是快速跑动中的运动员为了摆脱防守者，创造更多的进攻机会而采取的一种脚步动作，一般与起动结合使用。急停动作主要有两步急停和跳步急停两种：①两步急停又叫跨步急停，第一步要稍大一些，上体稍向后仰，后脚跟先着地，同时重心降低；第二步跨出着地时，身体侧转，脚尖稍向内转，两膝深屈，用脚掌内侧蹬地，重心落在两腿之间。②跳步急停，急停前，用单脚或双脚跳起离地，接着两脚同时用脚掌落地，然后两膝弯曲，重心降低，落于两腿之间。

（四）变向跑

变向跑是跑动中的运动员突然改变方向，以摆脱防守者的一种方法。动作要领是变向跑（以从左向右为例）时，上体稍向前倾，同时左脚前脚掌内侧迅速用力蹬地，上体向右转的同时，右脚向右前方跨出一小步，然后左脚向右脚的侧前方跨出一大步。

二、传接球

传接球是篮球比赛中队员之间有目的地转移球的一种方法，是比赛中运用最多的一项基本技术，是组织进攻的纽带和战术配合的重要手段，是培养队员团结合作、发挥整体力量的重要环节。

最基本的传接球方式主要有胸前传接球、击地反弹传接球、单手肩上传接球、行进间传接球。

（一）传球

传球要求做到准确、及时、隐蔽、多变。

双手胸前传球是一种最基本、最常用的传球手法，具有准确性高、容易控制、灵活性强等特点。动作要领是双手持球于胸前，五指自然分开，利用两臂前伸并结合手腕、手指的前压力量将球传出去。

单手肩上传球是一种适用于中、远距离的传球方式。这种传球方式出手点高、速度快、力量大、灵活性强，在长传、快攻、突破和起跳分球时经常用到。它的动作要领是传球手托球于肩上，向传球方向转体的同时，持球手臂前甩，并结合手腕、手指的力量将球传出。

（二）接球

接球前积极摆脱防守，抢占有利位置。

双接球时，一定要集中注意力，目视来球，双臂迎球伸出，手指自然张开，当手触球的瞬间，两臂回收以缓和来球的冲击力，将球接牢；单手接球的方式与双手接球基本相同，只是当手触球，手臂回收时，另一只手要伸出帮助将球接牢。

三、运球

运球是持球队员在原地或行进中用手连续按拍，借助地面使球反弹起来的一种动作方法。它是篮球组织进攻的纽带，也是个人进攻的重要手段。运球方式主要有高运球、低运球、体前变方向运球、体后变方向运球、后转身运球、胯下变方向运球、运球急停急起等。

（一）高运球

运球时，两腿微屈，上体稍向前倾，两眼注视前方。以肘关节为轴小臂上下摆动，手指自然分开，用指根以上部位触球的后上方，手心空出，用力向下推按球，一般球的落点在脚的外侧前方，使球的反弹高度在腰腹之间。

（二）低运球

与高运球动作要领基本相同。但是拍球要柔和，使球的反弹高度在膝盖以下，两腿弯曲降低重心，另一手臂平架起，以保护篮球。

（三）体前变方向运球

以从对手右侧突破为例，运球队员先向对手左侧快速运球，然后利用对手向左侧移动的惯性时间差，右手迅速拍球传至左侧，同时右脚向左前方跨出，上体左转，用右肩挡住对手，然后左手运球过人。

四、持球突破

持球突破是持球队员运用脚步动作与运球技术相结合的快速超越防守者的一项攻击性很强的进攻技术。

（一）持球突破技术

1. 交叉步持球突破（以右脚为中枢脚为例）

两脚左右开立，两膝微屈，身体重心降低，持球于胸腹之间。突破时，左脚向左前方跨出，假做向左突破，当对手重心跟着偏移时，左脚前脚掌心内侧迅速蹬地，上体稍向右转，左肩向前下压、侧身探肩重心向右前方移动，右脚向右侧前方跨出，将球引于右侧，接着运球，中枢脚蹬地向前跨出迅速超越防守。

交叉步持球突破练习口诀：持球护球看对方，异侧腿跨斜前方，倒肩放球不停顿，跨步侧身越对方。

2. 同侧步持球突破（以左脚作中枢脚为例）

准备姿势和突破前的动作要求与交叉步相同。突破时先反方向做假动作，当对手重心前移动，右脚向右前方跨出一步，向右转体探肩，重心前移，右手运球。左脚前脚掌迅速蹬地，向右前方跨出、突破防守。

同侧步持球突破练习口诀：胸腹之间来持球，同侧腿跨斜前方，蹬地推球结合好，探肩加速越对方。

（二）持球突破技术练习方法

（1）原地持球练习交叉步突破和顺步突破的动作。

（2）一人抛球，一个向前跑动跑步急停接球后练习不同的突破方法。

（3）运用假动作，做不同的突破练习，提高运用动作的变化能力和动作的变换速度。

（4）一对一持球突破练习：进攻者应运用各种假动作诱骗对手，并将持球突破与中、远距离投篮结合进行练习。防守者应积极防守。

（5）半场三对三按规定练习持球突破：练习时，防守队员只能用人盯人防守，不许交换防守。规定进攻队员不允许掩护，只能运用持球突破得分以及积极摆脱防守后接球进攻。

五、防守对手

防守对手是防守队员根据球与对手的情况，合理地运用肢脚步移动和手臂动作，积极地抢占有利位置，阻挠和破坏对手进攻，以争夺控球权的一种个人防守动作。

（一）防守无球队员

1.防守无球队员的基本要求

（1）抢占有利的防守位置，注意人球兼顾。对离球和球篮近的对手防守要紧，对远离球和球篮的对手可适当放松。

（2）防止对手摆脱，当对手向篮下切入时，要积极堵截其移动路线，切断其接球路线。

（3）在必要时，应及时果断地进行协防、补防，或与相邻的同伴组织夹击和"关门"，积极干扰、阻截对手的进攻。

2.防守无球队员的基本方法

（1）防守位置与距离的选择：要根据球和自己防守对手所处的位置来确定和调整自己的防守位置。有球的一侧为强侧，无球的一侧为弱侧。

当自己防守的对手处在强侧时，因其靠近球，随时都有接到球的可能，所以要全力封锁对手接球，同时又能控制对手向篮下切入。防守队员应采取错位防守，即站在对手与球篮之间偏向有球的一侧。

当对手处于弱侧时，因其距离球远，威胁较小，为了协助同伴加强对有球一侧的防守，又便于控制篮板球，防守队员应向球和球篮方向靠拢，取松动防守。

防守无球队员时，始终要保持"球一我一他"的原则，即防守队员要处于对手与球之间，与对手、球要成钝角三角形。防守距离要根据对手与球、球篮的距离而定，做到近球上，远球放，人、球、区兼顾，控制对手接球。

（2）站位姿势：如进攻队员离球较近时，应采用面对对手、侧向球的姿势，用两手将对手罩住，近球手臂扬起，封锁其接球路线。另一手臂平伸，用以协助判断对手向远离球方向的移动。

当进攻队员离球较远时，可采用面向球、侧对对手的姿势，两臂自然侧伸，便于断球和进行协防。

（3）移动步法：防守队员根据球的转移和对手的移动，使用上步、撤步、滑步、交叉步和跑动等脚步动作，堵截对手摆脱移动路线，抢占有利的防守位置，不让对手在有威胁的进攻位置上接球。

3. 易犯错误

（1）防守位置的选择不正确，没有随时抢占"人球兼顾"的有利位置。

（2）防守时"松"与"紧"的结合不好，没有做到"近球紧远球松"。

（3）防对方摆脱时，没有及时堵截对手的移动接球路线。

4. 纠正方法

（1）通过反复讲解使学生建立正确的防守无球队员的概念。

（2）多做分解示范，使学生看清楚防守位置的选择，防守的姿势，及如何防守对方摆脱接球等动作方法。

（二）防守有球队员

1. 防守有球队员的基本要求

（1）要站在对手与球篮之间的有利位置上。

（2）比赛中迅速摸清对手的主要技术特点，以便采取有针对性的防守策略。如对手中远距离投篮较准，则应紧逼以防投篮为主；如对手善于突破，则应保持适当距离，以防突破为主。

（3）当对手运球停球后，应及时迎上严密防守，并和同伴伺机进行夹击。

2. 防守有球队员的基本方法

（1）防守位置：防守队员应位于持球队员与球篮之间。防守距离的远近要根据对手距离球篮的远近和对手的技术特长而定，离球篮近则近，反之则稍远；对手善投则应稍近，对手善突则应稍远。

（2）防守姿势：由于持球对手的进攻特点、意图及与球篮距离不同，防守姿势也有所差异，但当今大部分采用的是平步防守的步法，即两脚平行站立，两手臂侧伸或在体前不停挥摆。这种步法防守面积大，便于左右移动，适合于贴身防守，攻击性强，能有效地阻止对手向前的趋势。

3. 易犯错误

（1）防守时的位置、距离的选择不恰当。

（2）防守者没有根据对手运球和原地持球动作而采取合理的防守动作。

（3）防守者不能及时地观察、判断对手的进攻意图。

（4）防守时身体重心太高，不便于随时移动。

4. 纠正方法

（1）通过反复讲解防守的基本要求和基本方法，使学生建立正确的防守有球队员的基本概念。

（2）多做分解示范，使学生看清楚防守的位置、距离，选择及根据进攻者不同的进攻行动所采取不同的防守动作。

（三）防守技术的练习方法

（1）学生根据教师的信号做前、后、左、右各方向的脚步移动练习。

（2）往返做滑步练习：学生位于两个立柱之间，距离3～4米。用滑步动作连续摸到两边立柱，要求重心低而平衡，移动速度及转换方向快。滑半分钟到一分钟，要求尽最大能力进行练习。

（3）专门练习打球和抢球：固定两人传球（传球可以先慢些），防守人随球移动，判准时机突然上步打球或抢球。

（4）抢、打、断球练习：练习时，由四人或五人传球，中间三人练习抢、打、断球。谁被断或被打球，就换到圈里作防守。

六、抢篮板球

（一）抢篮板球技术

抢篮板球技术包括抢占位置、起跳动作、抢球动作、得球后的动作。

1. 抢占位置

根据对手和投篮队员所处的位置，正确判断篮板球的反弹方向，距离，运用快速的脚步移动（转身、跨步、上步），抢占有利位置。

2. 起跑动作

当抢占到有利位置时，应保持两腿屈膝，重心降低，上体稍前倾，两臂稍屈置于体侧的起跳准备姿势。起跳时，两脚用力蹬地，两臂上摆并向上伸，腰、腹协调用力，身体充分伸展，准备抢球。

3. 抢球动作

根据攻、防队员的位置及球的方向，可分为单手抢球、双手抢球和点拨球。

第三节 篮球基本战术

一、掩护配合

掩护配合是指进攻者以合理的行动，用身体挡住同伴防守者的通路，为同伴摆脱防守，创造接球和投篮机会的一种配合方法。比赛中经常运用的掩护有以下几种。

（一）侧掩护、后掩护

侧掩护是站在防守队员的侧面；后掩护是站在防守队员的后面。掩护距离在侧掩护时距离对手可以近些，后掩护距离要远一些。掩护动作方法有两种，一是面向防守队员，两脚平行站立，屈膝，重心下降，两臂屈肘，自然置于体前。这种掩护的优点是掩护面积大，能看清防守队员的意图和行动；二是侧向防守队员，两脚前后站立，用肩背挡住对方，这种掩护动作的优点是掩护时容易看到球的活动。掩护与空切能有机的结合。见图 3-1。

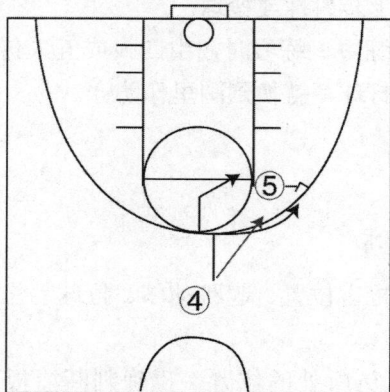

图 3-1 掩护动作

掩护的主要变化是掩护后连续后转身挡住对方，空切篮下。运用侧对防守队员掩护时，可跟进篮下准备接回传球和抢篮板球。在掩护中对方过早交换时，做掩护的队员可由掩护直接变为空切。

（二）定位掩护

掩护者占据有利位置不动，其他进攻队员诱使对手跟随跑动，主动利用位置不动的同伴，挡住防守者移动路线而摆脱对手的一种配合方法。

（三）双掩护

双掩护是两名队员同时去给一个在固定位置上的同伴掩护的配合方法．一般是给无球队员掩护。掩护时两名队员可以一个在防守者后面，一个在防守者侧面，也可以两个队员同时站在侧面，或者是两个队员同时站在一起，挡住防守者，使同伴借助人墙摆脱防守队员。

（四）行进间掩护

行进间掩护是两个进攻者在跑动过程中向一点集中形成相互掩护，使防守者受阻，借以摆脱防守，创造进攻的机会。行进间掩护，对时间的要求很强，队员间要更加默契。

★示例（见图3-2）④传球给⑤，立即起动与⑥进行徒手交叉。⑥见④起动，先向下压，突然加速借④行进间的掩护切入，接⑤传球投篮。

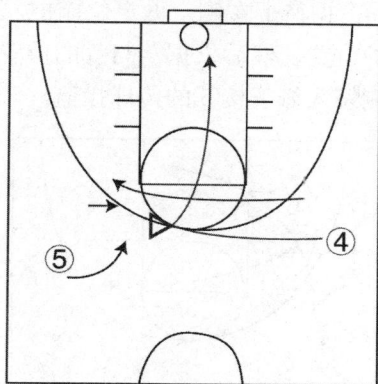

图3-2 行进间掩护

（五）运球掩护

运球掩护是掩护者利用运球给同伴做掩护，使同伴借以摆脱防守创造进攻机会的一种配合方法。

★示例（图3-3）④运球给⑤做掩护，⑤先向左下方压，将⑤带入掩护位置，然后改变方向，利用④掩护紧贴④向右切入，同时④用低手传球把球传给⑤。⑤接球后根据情况做外围跳投，或运球突破到篮下投篮。④传球给⑤后及时转身将⑤挡在外侧，准备抢篮板球或接下来应⑤回传球。

如果④和⑤交换防守，④应转身拉开，⑤可根据④防守情况，传球给④或强行上篮。

定位掩护。掩护者固定在有利的位置，同伴利用他做定位掩护，运用脚步移动诱使对手跟随移动，让定位同伴挡住对手的通路，从而使自己及时摆脱防守。见图3-3。

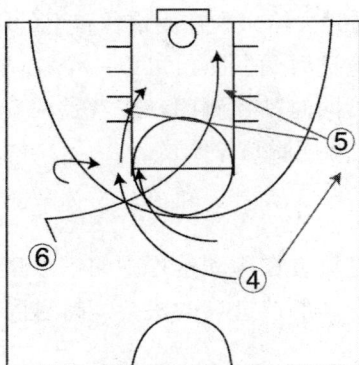

图3-3 定位掩护（一）

★示例（图3-4）⑥占据篮下左侧，做定位掩护，当④与⑤传接时，⑦向里下压，把⑦带入掩护位置，然后根据⑦与⑥的位置交错，突然紧贴⑥的身体从底线或向⑥另一侧切入篮下接⑤的传球投篮。

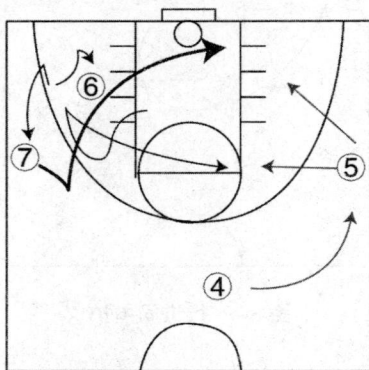

图3-4 定位掩护（二）

二、交换配合

交换配合是为了破坏进攻者的掩护配合，防守者之间及时交换自己所防守对手的配合方法。

交换配合的要点在于两人默契，防守掩护者的队员要及时通知同伴，并跟紧自己对手，当对手切入时，突然换防。防守被掩护者的队员一定要及时调整防守位置，抢占人篮之间或人球之间的有利位置，不让掩护者把自己挡在外侧。见图3-5。

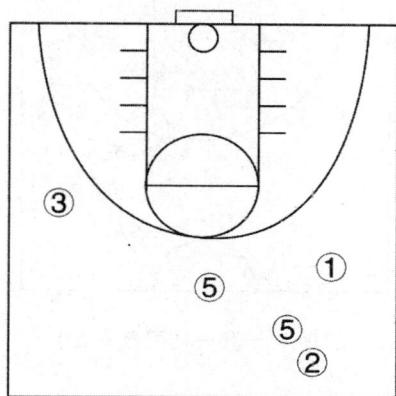

图3-5 交换配合

（一）一传一切配合

一传一配合是持球队员传球后向篮下切入接回传球投篮。

★示例（图3-6）⑤接球前做摆脱防守动作，④传球给⑤后先向下压贴近对手，同时注意观察④的情况，然后突然向右切入，切入时利用左肩贴住防守队员，身体向球的方向侧转并准备接⑤回传球上篮。

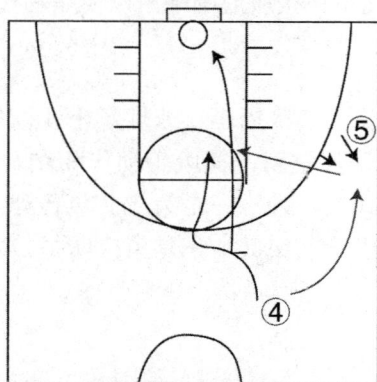

图3-6 一传一切配合（一）

★示例（图3-7）当④传球给⑤后，如④抢先向传球方向移动，采取错位防守，堵截有球一侧的切入路线时，④可立即从④的背后直线切入篮下接

⑤传球上篮。

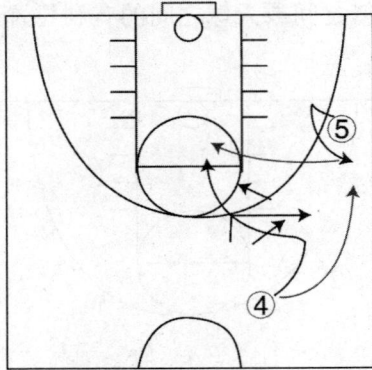

图 3-7 一传一切配合（二）

（二）空切配合

空切配合就是无球的队员掌握时机，摆脱对手，切向防守空隙区域接球投篮或做其他进攻动作。

（三）突分配合

突分配合是持球队员在突破中将球传球给同伴投篮的一种战术配合方法。配合方法有两种：一是运用突破压缩对方守区，传球给外围队员投篮。二是突破后传球给空插队员或中锋投篮。

突分配合要求：突破队员要有直接得分能力，迫使对方频繁补漏。同时无球队员要及时找好角度空插接应或围绕，以便顺利接回传球投篮。

（四）策应配合

策应配合是进攻队员在禁区周围，或球场中线前后，侧对或背对球篮接球，由其做枢纽与其他同伴空切，摆脱等动作相结合的一种战术配合方法，策应配合的主要进攻方式有三种：一是策应队员传球给空切队员投篮；二是策应队员接球后，自己投篮或突破；三是策应队员传球给外围队员进行中远距离投篮。

三、快攻战术

快攻是在由守转攻时，当对方立足未稳的情况下以最短时间把球攻入前场，争取某一区域内在人数上的优势所组织的进攻。

快攻战术的核心是：争取时间，创造战机，速战速决。

快攻发动的时机有：抢到后场篮板球；抢，断得球和打球；对方投中篮后，掷端线界外球和中，后场跳球四种。

快攻的组织形式有长传快攻和短传快攻两种。长传快攻即得球后通过1～2次长传球，把球攻入前场投篮的组织方法。短传快攻即得球后通过传球、运球有层次地把球快速推进到前场进行投篮的组织方法。为了便于分析，一般把短传快攻分为发动（包括第一传和接应）、推进和结束三个阶段。

快攻战术的主要特点：全队参加快攻，尤其是高大队员也能参与快攻的各个环节；短传快攻的第一传距离加远，速度将会有明显提高；接应区域不固定，接应队员也相对机动；短传快攻的几个阶段没有明显界线，经常是快速推进到前场进攻，快攻结束时，经常采用中距离跳投，并加强跟进和补篮。

快攻的关键：在于发动的速度。篮板球发动快攻时，抢到篮板球的队员最好在空中观察同伴的方位，并利用空中转体把球传出，如果不能传出时，落地要侧对前场，及时传球。或者用点拨的方法把球打给同伴。界外球发动快攻时，要在对方投中或违例、犯规的一刹那，负责掷界外球的队员快速跑到界外，其他队员迅速将球递传给掷界外球的队员或离球近的队员持球快速到界外发球。

短传快攻接应时，要快速抢占接应位置，最好有两个接应点，接应队员应采用侧身跑、斜线跑接球，这样可以扩大第一传的面积，增多接应点。长传快攻时，处于第一线的队员在本队即将得球的一刹那应突然快下，加速超越对方队员。

1. 进攻半场人盯人

目前，进攻半场人盯人战术，主要是运用"换位进攻法"，有的也常用"移动进攻法"。

进攻半场人盯人的战术可分为三种类型：一是以单中锋为主的进攻法，落位形式有 2-3，2-1-2，2-2-1 等；二是以双中锋为主的进攻法，落位形式有 1-3-1，1-2-2，1-4 等；三是机动进攻法，采用马蹄形落位，或者用 2-3 落位，三个锋线队员有层次地轮流插向篮下，采用机动中锋的打法。

进攻半场人盯人时，不论采用何种形式的打法，其整体战术都是由传切、突分、策应、掩护等基础配合所组成。

2. 进攻区域联防

进攻区域联防要掌握联防的特点和规律，抓住其薄弱环节，并结合本队具体情况组织进攻。

区域联防的一个特点是，每个队员基本上是守一个区域，是根据本区内进攻队员的行动和球的转移来不断改变自己的位置。因此，区域联防必须 5

名队员都占据了自己的守区之后，才能发挥相互联合、协同防守的作用。所以，进攻区域联防，就可以针对联防的这些特点，组织和运用战术。

进攻区域联防首先要根据不同形式的联防有针对性的部署阵形。落位形式的基本要求是不要和防守队员相对。

进攻 2-1-2 和 2-3 前排双数联防时，一般采用 1-3-1 等后面单数的进攻形式。进攻 1-3-1，3-2 等前排单数的联防时，一般采用 2-1-2 等后面双数的进攻形式。

3. 进攻全场区域紧逼

要求：

（1）尽量发动快攻，力争尽快把球推进到前场。

（2）要不断地、及时地转移进攻方向。不要单纯地采用一条路线推进。

（3）多利用空切，策应配合，打乱对方防守阵脚。

（4）队员要及时跟进，接应传球。

4. 进攻混合防守

要求：

（1）要及时了解对方混合防守的形式和特点，组织相应的进攻配合。

（2）被对方盯住的队员应沉着冷静，不要急躁，不要乱跑或急于进攻，可以采用拉开，掩护等方法摆脱对手和扩大其他同伴的进攻面。

（3）当核心队员被对方紧逼时，不能消极等待，要主动摆脱，或其他队员帮助摆脱，创造得球的机会。

（4）可采用不断穿插、换位等方法，打乱对方的防守，造成局部区域人数上的优势，以多打少。

四、防守战术

（1）人盯人，这是最普及的一个战术，无论是职业篮球赛，还是业余篮球赛，都采用这种战术，就是一个人紧跟一个人，分工明确，不会出现漏人。缺点也很明显，如果你防守的那个人实力比较强，那么你就是防守的"黑洞"，会被一直当作弱点来打。

（2）区域联防，严密防守进入该区域的球和进攻队员，并与同伴协同防守，这不是人防人，而是采用"我的地盘我做主"战略，也就是你进入了该区域，比如侧翼，那么这个区域就会有两到三个人来防守你。缺点是容易被调动，如这块区域吸引了人，其他位置就被放空。

（3）包夹战术，某个球星得到了球，必定出现两个人防守他。缺点是吸引了防守人。

（4）禁区防守战术，全部人集中到三秒区附近，无论谁进入禁区，都采用人墙战术封堵他，这种战术主要针对突破厉害的对手。缺点就是外围即三分线空了，容易造成对手投三分球。

（5）砍鲨战术，针对奥尼尔所发明的战术，因为奥尼尔在内线近乎无敌，缺点是罚球太差，在当时很少有可以与他对抗的内线队员。没有大个子的队员，会采取这个战术，你一拿球，我就用犯规动作阻止，让你罚球，针对对方内线实力强悍、罚球水平一般的队员采用这种战术。

（6）绕前战术，就是高个队员会在低位，卡位要球，这个时候你要挡在他前面不让他那么轻易得球，如以前姚明就经常被这一招给封锁。

第四节 篮球比赛规则

一、基本规则一

1. 比赛方法

一队五人，其中一人为队长，候补球员最多七人，但可依主办单位而增加人数。比赛分四节，每节各 10 分钟，NBA 为 12 分钟，每节之间休息 5 分钟，NBA 为 130 秒，中场休息 10 分钟，NBA 为 15 分钟，NBA 规则在第 4 节和加时赛之间与任何加时赛之间休息 100 秒。比赛结束两队积分相同时，则举行延长赛 5 分钟，若 5 分钟后比分仍相同，则再次进行 5 分钟延长赛，直至比出胜负为止。

2. 得分种类

球投进篮筐经裁判认可后，便算得分。3 分线内侧投入可得 2 分；3 分线外侧投入可得 3 分，罚球投进得 1 分。

3. 进行方式

比赛开始由两队各推出一名挑球员至中央挑球区，由主审裁判抛球双方挑球，开始比赛。

4. 选手替换

每次替换选手要在 20 秒内完成，替换次数则不限定。交换选手的时间选在有人犯规、争球、叫暂停等。裁判可暂时中止球赛的计时。

5. 罚球

每名球员各有 4 次被允许犯规的机会，第五次即犯满退场（NBA 规则为 6 次）。且不能在同一场比赛中再度上场。罚球是在谁都不能阻挡、防守的情况下投篮，是作为对犯规队伍的处罚，给予另一队的机会。罚球要站在罚球线后，从裁判手中接过球后 10 秒内要投篮。在投篮后，球触到篮板前均不能踩越罚球线。

6. 违例

①普通违例：如带球走步、两次运球（双带）、脚踢球（脚球）或以拳击球。②挑球时的违例：除了挑球球员以外的人不可在挑球者触到球之前进入中央挑球区。

二、基本规则二

24 秒钟规则：进攻球队在场上控球时必须在 24 秒钟内投篮出手（NBA、CBA、CUBA、WNBA 等比赛均为 24 秒，全美大学体育联合会比赛中为 35 秒）。

8 秒钟规则：球队从后场控制球开始，必须在 8 秒钟内使球进入前场（对方的半场）。

5 秒钟规则：持球后，球员必须在 5 秒钟之内掷界外球出手，FIBA 规则规定罚球也必须在 5 秒钟内出手。

3 秒钟规则：分为进攻 3 秒和防守 3 秒。进攻 3 秒：进攻方球员不得滞留于三秒区 3 秒以上。防守 3 秒：当某防守方球员对应的进攻方球员不在三秒区或者三秒区边缘、且彻底摆脱防守球员时，防守方球员不得滞留禁区 3 秒以上。

侵人犯规：与对方发生身体接触而产生的犯规。

技术犯规：队员或教练员因表现恶劣而被判犯规，如与裁判发生争执等情况。

取消比赛资格的犯规：球员做出的不体现运动员精神的犯规动作，如打人。发生此类情况后，球员应立即被罚出场外。

队员 5 次犯规：无论是侵人犯规，还是技术犯规，一名球员犯规共 5 次（NBA 规定为 6 次）必须离开球场，不得再进行比赛。

违例：既不属于侵人犯规，也不属于技术犯规的违反规则的行为。主要的违例行为有非法运球、带球走、3 秒违例、使球出界、用脚踢球。

队员出界：球员带球或球本身触及界线或界线以外区域，即属球出界。在触线或线外区域之前，球在空中不算出界。

干扰球：投篮的球向篮下落时，双方队员都不得触球。当球在球篮里的时候，防守队员不得触球。球碰板后对方不得碰球，直到球下落。

被紧密盯防的选手：被防守队员紧密盯防的球员必须在 5 秒钟之内传球、运球或投篮，否则其队将失去控球权（NBA 规则中无此规定）。

球回后场：球队如已将球从后场移至前场，该球队球员便不能再将球移过中线，运回后场。

第五节　篮球考试内容与评分标准

一、考试内容

篮球考试内容有：

（1）三角形滑步。

（2）篮下 30 秒连续左右投篮。

（3）两分投篮。

（4）全场往返（两次）蛇形运球投篮。

二、考试方法与评分标准

（一）三角形滑步

以三秒区端线的两端和罚球线的中点连接成三角形为滑步的活动区。受测者站于端线角，听到"开始"口令（计时开始）后，沿三角形边线、底线连续滑步两周，到起动端线角为止，计算时间评定达标分占该项得分的 70%，另 30% 为技术评定分，两者之和为该项考试得分。

（二）篮下 30 秒连续左右投篮

受测者持球于篮下，听到"开始"口令（计时开始）后，可用任何方式左边和右边各一次的循环连续投篮，在 30 秒内以命中有效次数评定达标分占该项得分的 70%，另 30% 为技术评定分，两者之和为该项考试得分。

（三）两分投篮

男生以球篮圆心投影为圆心，至罚球线中心为半径画一弧线，用同样的方法，女生比男生少 80 厘米为半径画一弧线。受测者持球在线外任何一点，男生跳投篮 10 个，女生投篮 10 个，以投中个数评定达标分占该项得分的 70%，另 30% 为技术评定分，两者之和为该项考试得分。

（四）全场往返（两次）蛇形运球投篮

受测者持球于端线与三秒区限制线交叉点处，听到"开始"口令（计时开始）后，可斜线运球绕球场上三个圆圈到另一端篮下投篮命中后，从另一个方向或同一方向同样绕三个圆圈到本方篮下投篮，依此往返两次运球投篮，第四球投中时结束计时，以所用时间评定达标分占该项得分的70%，另30%为技术评定分，两者之和为该项考试得分。

三、具体要求

（一）三角形滑步

从中心角至端线角、端线角至中心角滑步时脸向外，在底线滑步时脸向内。滑步由中心角转入底线，或由底线转入中心角时，一脚必须踏到三角形的角，否则由主考教师根据情况予以扣分。在滑步的过程中，只准滑步，不准使用交叉步和跑步，否则由主考教师根据情况予以扣分或考试无效。滑步方向由受测者自行决定。

（二）篮下30秒连续左右投篮

受测者不得固定一侧重复投篮，不准带球跑，否则投中无效；受测者若某一侧投篮不中，不得重投，必须转到另一侧投篮，否则投中无效。

（三）两分投篮

投篮姿势不限，投篮时不得踏线或进入弧线以内，球出手后踏线不予追究。

（四）全场往返（两次）蛇形运球投篮

运球前进时，球和脚不得触及圆周或进入圈内，不准带球跑，不准两次运球违例，每违例一次在该项考分内扣1分。每方投篮次数不限，但必须投中后，才可运球返回，违者，则为考试不合格。

四、评分表

（一）三角形滑步（见表3-1）

表3-1 三角形滑步评分表

分值	男	女	分值	男	女
100	10"	12"	72	12" 8	14" 8
99	10" 1	12" 1	71	12" 9	14" 9
98	10" 2	12" 2	70	13"	15"
97	10" 3	12" 3	69	13" 1	15" 1
96	10" 4	12" 4	68	13" 2	15" 2
95	10" 5	12" 5	67	13" 3	15" 3
94	10" 6	12" 6	66	13" 4	15" 4
93	10" 7	12" 7	65	13" 5	15" 5

92	10" 8	12" 8	64	13" 6	15" 6
91	10" 9	12" 9	63	13" 7	15" 7
90	11"	13"	62	13" 8	15" 8
89	11" 1	13" 1	61	13" 9	15" 9
88	11" 2	13" 2	60	14"	16"
87	11" 3	13" 3	59	14" 1	16" 1
86	11" 4	13" 4	58	14" 2	16" 2
85	11" 5	13" 5	57	14" 3	16" 3
84	11" 6	13" 6	56	14" 4	16" 4
83	11" 7	13" 7	55	14" 5	16" 5
82	11" 8	13" 8	54	14" 6	16" 6
81	11" 9	13" 9	53	14" 7	16" 7
80	12"	14"	52	14" 8	16" 8
79	12" 1	14" 1	51	14" 9	16" 9
78	12" 2	14" 2	50	15"	17"
77	12" 3	14" 3	49	15" 1	17" 1
76	12" 4	14" 4	48	15" 2	17" 2
75	12" 5	14" 5	47	15" 3	17" 3
74	12" 6	14" 6	46	15" 4	17" 4
73	12" 7	14" 7	45	15" 5	17" 5

（二）篮下 30 秒连续左右投篮（见表 3-2）

表 3-2 篮下 30 秒连续左右投篮评分表

分值	男	女
100	17	14
95	16	13
90	15	12
85	14	11
80	13	10
75	12	9
70	11	8
65	10	7
60	9	6
55	8	5
50	7	4
5	6	3

（三）两分投篮（见表3-3）

表3-3 两分投篮评分表

分值	男	女
100	7	6
90	6	5
80	5	4
70	4	3
60	3	2
50	2	1

（四）全场往返（两次）蛇形运球投篮（见表3-4）

表3-4 全场往返（两次）蛇形运球投篮评分表

分值	男	女	分值	男	女
100	30"	36"	70	40"	46"
98	30" 5	36" 5	68	41"	47"
96	31"	37"	66	42"	48"
94	31" 5	37" 5	64	43"	49"
92	32"	38"	62	44"	50"
90	32" 5	38" 5	60	45"	51"
88	33"	39"	58	46"	52"
86	33" 5	39" 5	56	47"	53"
84	34"	40"	54	48"	54"
82	34" 5	40" 5	52	49"	55"
80	35"	41"	50	50"	56"
78	36"	42"	48	51"	57"
76	37"	43"	46	52"	58"
74	38"	44"	45	53"	59"
72	39"	45"			

（五）技术评分参考（见表3-5）

表3-5 技术评分参考

等级	分值	标准
A	90～100	动作非常熟练
B	80～89	动作较熟练
C	60～79	动作基本熟练
D	40～59	动作不够熟练

第四章 足球

第一节 足球运动概述

足球运动是一个很古老的运动项目。中国最早有类似足球运动的记载可追溯到 2000 多年前的汉朝，当时的游戏名称为"蹴鞠"，也就是现在所说的踢球。2001 年国际足联宣布古代足球起源于中国的临淄，也就是蹴鞠的发源地。

现代足球运动起源于英国。1863 年 10 月 26 日，英格兰足球协会在英国伦敦皇后大街弗里马森旅馆成立。它是世界上第一个足球组织，它还制定和通过了世界第一部较为统一的足球比赛规则，并以文字形式记载下来。后来，足球运动通过多种方式从欧美传入世界各国，尤其在一些发达国家极为盛行。男、女足球分别于 1900 年第 2 届奥运会和 1996 年第 26 届奥运会被列为比赛项目。

国际足球联合会，简称国际足联，由比利时、法国、丹麦、西班牙、瑞典、荷兰和瑞士倡议，于 1904 年 5 月 21 日在法国巴黎成立。它的任务是促进足球运动的发展；通过组织各级比赛及其他手段发展协会会员、官员和运动员之间的友好往来；贯彻联合会的章程、代表大会决议和比赛规则；禁止种族、政治和宗教信仰歧视。

两年一次的代表大会是国际足联的最高权力机构，它有权确定章程及其实施、批准财政计划和一般活动的报告、接纳会员、选举官员。一个协会会员有 1 票表决权，但准许派 3 名代表与会。国际足联执委会是日常工作的领导机构，由主席、7 名副主席、16 名委员、秘书长及其副手共 24 人组成。国际足联下设 15 个专门委员会：财务委员会、世界杯组委会、联合会杯组委会、奥运会足球赛组委会、国际足联青年比赛委员会、室内足球委员会、女子足球委员会、裁判委员会、技术委员会、运动医务委员会、运动员身份委员会、法律事务委员会、安全与公正竞赛委员会、媒体委员会、礼仪委员会。国际足联秘书处下设 3 个部：技术部、财务部和发展部。

国际足联组织的赛事主要有世界杯足球赛（1930年开始，每4年一届）、奥运会足球赛（1912年被正式列为奥运会项目，每4年一届）、世界青年足球锦标赛（即可口可乐杯赛，1977年开始，每2年一届）、17岁以下世界锦标赛（1985年开始，每2年一届）、五人足球世界锦标赛、世界女子足球锦标赛。

中国于1931年加入国际足联，中华人民共和国成立后国际足联承认中华人民共和国足协为其成员。1958年由于国际足联也承认所谓"中华民国足球协会"为其会员，中国足协宣布退出。1980年7月，中国足协在国际足联的合法席位得到恢复。

第二节 足球基本技术

足球技术是指运动员在足球比赛中所采取的合理动作的总称。足球运动的基本技术包括有球队员技术、锋卫队员组织技术、守门员技术、无球队员技术和过人技术等。其中有球队员技术包括踢球、接球、运球、跑位、抢断球、头顶球、假动作、掷界外球等。

一、无球技术

无球技术是指比赛中运动员在不控球的情况下所采用的合理动作的总称。无球技术内容主要包括起动、跑动、急停、转身、跳跃、移位和假动作等。

（一）起动

起动是指运动员由静止或活动中突然加速快跑，占据有利位置的一种技术。它的动作要领是要蹬地有力、重心下降、上体稍向前倾、起动时前几步应迅速而短促。

（二）跑动

足球运动要求运动员要有良好的跑动技术，以适应比赛的需要。足球比赛中跑动的主要方式有直线跑、变向跑、侧身跑、变速跑、后退跑等等。

（三）急停

急停是运动员在比赛过程中，由快速运动突然变为静止状态的一种战略技术。它的动作要领是要尽量全脚掌着地、重心降低、两膝微屈以作缓冲。

（四）转身

转身是利用脚步的移动和身体的转动来改变原来所处状态以摆脱防守的

一种方法。

（五）跳跃

跳跃是指运动员在比赛过程中为了取得有利的空间位置而采取的一种移动方法。

6．位移

位移是指运动员在比赛过程中位了进攻或防守而采用步法进行移动的一种方法，主要步法有跨步、滑步、撤步、交叉步等。

7．假动作

假动作是指运动员为了达到进攻或防守而采用的一种是对方产生错误判断的一种动作行为。

二、有球技术

有球技术是指运动员在比赛过程中，为了达到进攻或防守的目的而采用的各种支配球的技术。有球技术内容主要包括踢球技术、颠球技术、接球技术、运球技术、头顶球技术、掷界外球技术和守门员技术。

（一）踢球技术

踢球技术是足球基本技术中的主要技术，它主要用于传球和射门，是完成战术配合的主要手段。踢球的方式主要有脚内侧踢球、脚背正面踢球、脚背内侧踢球、脚背外侧踢球、脚跟踢球和脚尖踢球等。

1．脚内侧踢球

又称脚弓踢球，用脚内侧踢球时，应直线助跑。支撑脚踏在球的侧后方，踢球脚内侧与出球方向约成 90°角，一髋关节为摆动轴，自后向前摆动，脚掌与地平行，脚尖勾起，小腿加速前摆，用脚的内侧部击球的后中部，将球向正前方向踢出。脚内侧可踢定位球、地滚球、反弹球、空中球。

2．脚背正面踢球

用脚背正面踢球时，要直线助跑，最后一步较大，支撑脚落在球的侧后方，踢球脚的脚背正对出球方向，用脚背正面击球的后中部，将球向正前方向踢出。脚背正面可以踢定位球、空中球、反弹球、倒钩球等。

3．脚背内侧踢球

用脚背内侧踢球时，要斜线助跑。支撑脚以脚掌外沿积极着地，踏在球的侧后方，关节微屈，脚尖指向出球方向。踢球腿以髋关节为轴向后摆，并自后向前踢出，当膝盖摆至接近球的内侧上方时，小腿做爆发式前摆，用脚内侧击球的后中部，将球踢出。脚背内侧可以踢定位球、地滚球、过顶球、弧线球和转身踢球。

4. 脚背外侧踢球

脚背外侧踢球时，要直线助跑，动作基本与脚背正面踢球一样，但是当踢球腿的膝盖部前摆至球的正上方时，膝盖、脚尖内转，小腿做爆发式前摆，脚趾扣紧，以脚背外侧击的后中部，将球踢出。脚背外侧可以踢直线球、弧线球、弹拨球和蹭踢球。

（二）颠球技术

颠球技术分为拉挑球、脚背正面颠球、脚内侧颠球、脚外侧颠球、大腿颠球、头颠球、肩颠球和胸部颠球等。

1. 拉挑球

支撑脚站在球的后方约 30 厘米处，膝关节微屈，身体重心在支撑脚上，拉挑球的脚前掌踩在球的上方并向后拉，在球开始向后滚动的同时，脚掌着地，脚尖插向球的底部，脚尖微翘向上挑起。

2. 脚背正面颠球

支撑脚微屈，当球落至低于膝关节时，颠球脚向前甩动小腿，脚尖微翘，用脚背击球的底部，将球向上颠起。

3. 大腿颠球

当球落至接近髋关节的高度时，颠球的大腿屈膝上摆，当大腿摆到水平状态时，击球的底部，将球向上颠起。

（三）接球技术

接球是指运动员有目的地用身体的合理部位触球，以改变运行中球的力量、方向的一种常用技术。接球方式主要有脚内侧接球、脚底接球、脚背外侧接球、脚背正面接球、大腿接球、胸部接球和腹部接球等。

1. 脚内侧接球

它的动作要领是：支撑脚脚尖上对来球，膝关节徽屈，同侧肩正对来球。接球腿提膝大腿外展，脚尖微翘，脚底基本与地面平行，脚内侧正对来球并前迎，当脚内侧与球接触的一刹那迅速后撤，把球接在脚下。若需将球接在侧面时，支撑脚脚尖应向同侧斜指，脚内侧与来球方向成一定角度触球，同时支撑脚提踵，以前脚掌为轴做适当转动，身体移动。当来球力量不大时，只需将脚提到一定的高度，并使脚内侧与地面形成锐角轻触球。也可在触球时用下切动作使球前进之力部分转变为旋转力，而将球接在脚下。脚内侧接球是用脚内侧部接球的一种技术。由于脚触球面积大，动作简单，较易掌握。

比赛中经常使用这种技术接各种地滚球、平球、反弹球、空中球。

2. 脚底接球

身体正对来球方向，移动前迎，支撑脚站在球的侧面（或前或后均可），脚尖正对来球方向，膝关节微屈。同时接球腿提起，膝关节微屈，脚略背屈，使脚底与地面成小于 45° 角（且脚跟离升地面），一般以前脚掌接触球的上部为宜。在触球瞬间接球脚可轻微跖屈（前脚掌下点）将球停住，也可根据需要在接球同时将球推向前方或拉向身后。由于脚底接球技术便于掌握，易于将球接到位置，故常被用来接各种地滚球和反弹球。

3. 脚背外侧接球

将接球点放在接球腿一侧，支撑腿膝关节微屈。接球腿提起屈膝，脚内翻使小腿和脚背外侧与地面成一锐角，并对着接球后球运行的方向，脚离地面的高度应略等于球的半径，然后大腿向接球后球运行的方向推送，同时身体随球移动。用脚背外侧可用来接地滚球和反弹球。

4. 脚背正面接球

脚背正面上迎下落的球，当球与脚面接触的瞬间，接球脚与球下落的速度同步下撤，此时大腿膝关节、踝关节、脚趾均保持适度的紧张，脚尖微翘将球接到需要的地方。

5. 大腿接球

面对来球方向，根据球的落点迅速移动到位，接球腿大腿抬起，当球与大腿接触的瞬间大腿下撤将球接到需要的位置上。大腿接球一般可以用来接抛物线较大的高空球和略高于膝的低平球。

6. 胸部接球

由于胸部接球部位较高，加之胸部面积大、肌肉较丰满等特点，易于掌握，故是接高球的一种好方法。胸部接球包括挺胸式、收胸式两种方法。挺胸式接球：面对来球站立（两脚左右或前后开立），两膝微屈，重心置于支撑面内，上体后仰，下颌微收，两臂自然张开，维持身体平衡。接触球瞬间，两脚蹬地，膝关节伸直用胸部轻托球的下部使球微微弹起于胸前上方。收胸式接球：多用于接齐胸高的平直球。面对来球，两脚左右或前后开立，两臂自然张开，挺胸迎球，触球瞬间收胸、收腹、臀部后移将球接在体前。若需将球接在体侧时，则触球瞬间转体将球接在转体后相应的一侧。

7. 腹部接球

接球者的身体正对来球方向跑动。判断好球的落点，身体前倾，腹部对准落地反弹的球，腹直肌保持紧张，推压球前进，也可在触球瞬间身体侧转，将球接向所需要的侧面。

（四）运球技术

运球是指运动员在跑动中用脚连续推拨球，使球处于自己控制范围内的触球动作，也叫带球。常用的运球技术有脚内侧、脚背正面、脚背外侧、脚背内侧运球。

1. 脚内侧运球

在运球前进时支撑脚始终领先于球，位于球的侧前方，肩部指向运球方向，支撑腿膝关节微屈，重心放在支撑腿上，另一条腿提起屈膝，用脚内侧推球前进，然后运球脚着地。

2. 脚背正面运球

运球时身体持正常跑动姿势，上体稍前倾，步幅不宜过大，运球腿提起，膝关节稍屈，髋关节前送，提踵，脚尖下指，在着地前用脚背正面部位触球后中部将球推送前进。

3. 脚背外侧运球

运球时身体持正常跑动姿势，上体稍前倾，步幅不宜过大，运球腿提起，膝关节稍屈，髋关节前送，提踵，脚尖绕矢状轴向内旋转，使脚背外侧正对运球方向，在运球脚落地前用脚背外侧推拨球的后中部。

4. 脚背内侧运球

身体稍侧转并自然协调放松，步幅小，上体前倾，运球腿提起外展，膝微屈外转，提踵，脚尖外转，使脚背内侧正对运球方向，在运球脚落地前用脚背内侧推拨球，使球随身体前进。

5. 拨球

利用脚踝关节向侧的转动，以达到用脚背内侧或脚背外侧触球，将球拨向身体的侧前方、侧方、侧后方。

6. 拉球

将前脚掌放在球的上部或侧上部，另一脚在球的侧后方支撑，然后触球脚向后下方用力将球拉回。

7. 扣球

扣球的动作与拨球基本相同，不同的是它的用力是突然的并伴随着突然转身或急停，使对手在来不及调整重心的瞬间，突然从反方向推送球越过对手的防守。

8. 挑球

用脚背部位触球的下部并突然向上方挑起，在对手来不及实施挡球动作时球已越过，运球者随球迅速跟进。注意球一般不要挑得太高。

9. 颠球

运球过程中，有时球在空中或地面上跳动，根据对手抢截时所处位置或实施抢截的时间，用恰当的部位将球颠起，越过对手以达到过人的目的。

（五）过人技术

1. 利用速度强行过人

持球者以突然的快速推拨球（力量较大）并与快速的奔跑相结合越过对手的阻拦。

2. 利用身体的掩护强行过人

当持球者接近对手时双方速度减慢，持球者侧身用身体靠住对手以另一侧脚将球拨出，同时转身将对手倚在身后并随球越过对手。

3. 利用变速运球过人

对手在持球者侧面，持球者用另一侧脚运球，利用运球速度的变比达到甩掉对手或越过对手的目的。

4. 利用穿裆球过人

当运球者遇到对手从正面阻拦时，发现对手两脚开立较大，而且重心在两脚之间，运球者应侧身运球接近对手，抓住时机将球从对手两脚之间推（拨）过，身体也随着从防守者侧面越过并控制球。

5. 利用技术组合过人

以单脚或双脚轮流选用上述动作，使组合起来的动作适时地变化运球的方向与速度，使对手难于判断过人的方向与时机，或造成对手重心出现错误的移动，运球者抓住其漏洞而越过对手。

第三节 足球基本战术

足球运动是一项对抗性的运动项目，它是由进攻和防守这对矛盾所组成的。足球战术是指比赛双方为了充分发挥个人与集体的特长，进攻对方弱点，取得比赛胜利所采用的手段和方法。根据攻防的基本特点，足球战术可分为进攻战术、防守战术、比赛阵型三大部分。在进攻和防守战术中，又分别包括个人、集体与全队的攻防战术。

足球比赛的场地大，参赛的人多，攻守都强调有组织的集体行动。在多年的比赛实践中，人们从不懂战术的状态，逐步发展了简单的战术配合，并有了战术意识。后来把场上队员按位置排列和分工，组成相互协调配合的有针对性的攻守队形（即比赛阵型），使战术水平有较大的发展和提高。进入

20 世纪 50 年代以来，攻防战术发展变化很快，尤其是近年来全攻全守这种总体型新打法的出现，使攻防战术又有新的突破和提高。最突出的是，个人技、战术是组成集体战术的基础，而集体战术的提高是高水平的个人技、战术与高水平的集体攻防战术融为一体的结果。配合默契的集体战术为个人发挥高超技巧创造有利时机，而个人运用绝妙技艺又为完成精彩的集体战术配合提供契机。

因此，首先要根据参赛双方的实际状况，特别是从组成本队战术的需要出发，采取相应的个人行动，使个人任何有球和无球动作都具有总体性战术的目的，有意识把个人的行动融于集体配合之中，成为总体战术组成部分。练习使用各种小配合的目的性和策略性就在于让队员树立把局部战术与总体战术相衔接的观念。

一、集体的局部配合进攻战术

集体战术是指两个或两个以上队员在比赛中为了完成全队攻防任务而采用的局部协同作战的配合方法，它包括"二过一"战术配合、"三过二"战术配合和反切配合等进攻战术。

（一）"二过一"战术配合

顾名思义，"二过一"是两个进攻队员，通过传球配合突破一个防守队员。"二过一"是集体配合的基础，可以在任何场区、任何位置上运用这种方法来摆脱对方的抢截或突破防线。"二过一"是进攻的两个队员相距 10 米左右，进行一传一切的配合。要求传球平稳及时，一般多用脚内侧、脚外侧等脚法，传递平球为主。传球的位置，尽可能是接球人脚下或前面二三步远的地方。

（二）"三过二"战术配合

"三过二"是在比赛中局部地区三个进攻队员通过连续配合突破两个防守者的防守。由于这种配合有两个同队队员可以同时接应传球，因此使持球人传球路线更多，且进攻面扩大。

二、全队进攻战术

全队进攻战术是指比赛中一方获得球后，通过队员之间的传递配合达到射门的目的而采用的配合方法。与局部进攻战术相比较，全队进攻战术的进攻面比较广，包括进攻和快速反击等。

（一）边路进攻

利用球场两侧地区发起进攻的方法叫边路进攻。边路进攻是全队进攻战术的主要形式之一，其主要特点是有利于发挥进攻速度，打破对方防线制造缺口。

（二）中路进攻

中路进攻是利用球场中间区域组织的进攻，这种进攻虽能直接射门，但难度最大，因中路防守最为严密，前面的攻击手必须是反应极其敏锐、意识强、技术高、敢于冒险、速度快和善于路位策应的队员。

（三）快速反击

比赛中当攻方进攻时，后卫线往往压至中场附近，防守人数也由于插上进攻和助攻而相对减少，此时如能抓住对方防区空隙较大和回防较慢的机会，乘其失球发动快速反击，往往能取得良好的效果。

快速反击是最有威胁的进攻手段，有效的进攻在于突然快速地反击，但其难度较大，既要冒险，又要有准确、快速的传切配合技能。快速反击要有组织，配合得要极为默契，必须进行专门性的训练，否则很难在比赛中实施。

三、定位球战术

定位球战术是指在比赛中，利用"死球"后重新开始比赛的机会组织进攻与防守配合的战术方法。定位球战术包括中圈开球、角球、任意球、点球、掷界外球等。

在势均力敌的高水平比赛中，定位球战术有时起决定胜负作用。在配合上要利用简练的一次配合取得射门机会，配合越复杂成功率就越低。故要进行专门性的练习，才能在比赛中奏效。

四、集体的局部配合防守战术

（一）补位

补位是足球比赛中局部地区集体配合进行防守的一种方法。当防守过程中一个防守队员被对手突破时，另一个队员则立即上前进行堵封。

（二）围抢

围抢是指比赛中在某局部位置上，防守一方利用人数上的相对优势（通常是两三个队员）同时围堵对方的持球队员，以求在短暂时间内达到抢断或破坏对方的目的。

（三）造越位战术

造越位战术是利用规则而设计的一种防守战术，是一种以巧制胜的省力打法，因而成为一种重要的防守手段。但由于其配合难度较大，搞不好会适得其反，让对手钻空子，因此战术往往是为水平较高的球队所采纳，且在一场比赛中也不是多次运用。

五、全队防守战术

防守战术可分为两种基本类型：盯人紧逼防守（人盯人防守），即在规定的范围内盯人紧逼，不交换看守；区域紧逼防守（盯人和区域相结合），即现今流行的综合防守，紧逼和保护相结合，在个人的防区内紧逼，作交替看守。盯人防守即各自都有明确的防守对象，如对方左边锋大幅度地斜插至右路，则右后卫紧跟盯防，不交替看守。防守最根本的原则是紧逼和保护。只有紧逼才能有效地主动抢断，压制对方技术的优势而获取主动权；保护是为了更好地紧逼和控制空当。

六、比赛阵型

（一）阵型的发展和演变

为了适应攻守战术的需要，全队队员在场上的位置排列和职责分工，称为比赛阵型。阵型的名称是按队员排列的形状而定的。自19世纪中期世界上有了第一个足球比赛阵型至今日的"四三三""三五二""四二四"等，以及某些国家所采用的"水泥式""锁链式"等，都是沿着这一个客观规律演变和发展的。

（二）各个位置的职责

1. 边后卫的职责。

边后卫主要是要防守对方的边锋以及其他进攻队员在边路的活动，破坏对方由边路发动的进攻。同时还可利用插上助攻式运球来直接威胁对方球门。

2. 中后卫的职责。

中后卫有突前中后卫和拖后中后卫之分。前者主要任务是盯守对方突前的最有威胁的中锋，因而又被称为盯人中后卫；后者则主要担负整个防线的指挥任务，其站位经常处于其他防守队员后面，一般称他为自由中后卫。

3. 前卫的重要职责。

前卫通常称为中场队员。中场是一个非常重要的区域，控制了中场也就得到了比赛的主动权，因此比赛各队往往都在中场投入较大力量。

4. 前锋职责介绍

足球前锋位于前场，是球队进攻的第一线，主要任务是进攻对方争取得分。防守时应在前场或回撤至中场阻击对方进攻，必要时才回防至本方半场协助防守。现代前锋分为 5 个类型：

（1）高中锋。现代高中锋要具备一定得分能力，能牵扯住对方防守球员，能护住球并有做球能力，充当进攻的桥头堡。如柯齐士，赫鲁贝施，比埃尔霍夫，维埃里，德罗巴，伊布拉希莫维奇。

（2）抢点型。需要中后场队友的支援，无球跑动中，寻找进球机会。禁区内嗅觉敏锐，速度快，射术一流，一击致命。如盖德·穆勒、方丹、克洛泽、克林斯曼、罗西、范尼斯特鲁伊。

（3）单兵型。超强的单兵作战能力，具有全面的前锋技术。如贝利，普斯卡什，尤西比奥，鲁梅尼格，巴斯滕，罗马里奥，克鲁伊维特，里瓦尔多，罗纳尔多。

（4）组织型。介于前腰和前锋之间，能拿球，控球，突破，对队友位置很敏感，知道什么时候分球，出球，同时具备射门得分能力。如尤文永远的队长皮耶罗，巴乔，博格坎普，托蒂。

（5）边路型。有很强的带球能力，速度快，突破能力强，有一定的传中功夫。如 C 罗，亨利，梅西，奥维马斯，吉格斯。

第四节 足球比赛规则

一、足球比赛基本规则

（一）球场

球场应为长方形。边线的长度必定大于球门线的长度。长度最短 90 米（100 码），最长 120 米（130 码）；宽度最短 45 米（50 码），最长 90 米（100 码）。国际比赛的球场长度最短 100 米（110 码），最长 110 米（120 码）；宽度最短 64 米（70 码），最长 75 米（80 码）。

（二）界线

比赛球场必须有清晰的界线，线宽不得超过 12 厘米（5 英寸），也不能有 V 字形的凹沟。两边较长的线，叫作边线；两端较短的线，叫作端线（或球门线）。在球场的四角，应各竖一平顶的小旗杆一支，旗杆的高度不得低于 5 英尺（1.5 米）；在球场中线的两端外，至少距边线 1 码的地方，也应各竖同一式样的旗杆一支。中线应横过球场，球场的中央应画有清晰的一点，且应以这一点为圆心，10 码为半径，画一圆圈。

（三）球

球是圆形的。以皮革或其他合适的材料制成。球体的圆周，不得超过 70 厘米（28 英寸），不得少于 68 厘米（27 英寸）。球的重量，在比赛开始时，不得超过 450 克（16 盎司），不得少于 410 克（14 盎司）。球的气压，在海平面为 0.6～1 大气压力（每平方厘米 600～1100 克＝每平方英寸 8.5～15.6 磅）。

（四）球员人数

一场比赛应由两队对抗，每队上场球员不可多于 11 人，其中一人是守门员。如果任何一队少于 7 人，不可进行比赛。国际足球总会、各州足球联盟或国家足球协会管辖下，所举办的任何正式比赛，每一队最多可替换 3 名球员。比赛的竞赛规程必须规定可以提名几位替补球员。替补球员名单可填 3 人，最多 7 人。

（五）球员装备

球员必要的基本装备包括：运动衫或衬衫、短裤——如果在短裤里面穿紧身裤，紧身裤的颜色要与短裤的主要颜色相同、长袜、护膝、球鞋。每一名守门员球衣的颜色，要与其他队员、裁判及助理裁判服装的颜色不同。

（六）比赛时间

比赛为两个时间相等的半场，上、下半场各为 45 分钟。要经过裁判与两队的同意方可另行决定比赛时间。任何更改比赛时间的协议（如因为光线太暗，减少上下半场时间各为 40 分钟）须在比赛开始前作出决定，并且必须符合竞赛规程。队员有权要求半场休息时间。半场休息时间不得超过 15 分钟。比赛的竞赛规程必须明文规定半场休息的时间。只有获得裁判同意，才可更改半场休息的时间。

（七）进球方法

1．球进球门

当整个球体越过两球门柱之间及横木下的球门线，而进球的球队在进球之前没有犯规行为，则算进球。

2．胜队

在比赛时间内，进球数较多的一队为胜队，如果两队的进球数相等，或者两队都未进球，比赛为和局。

（八）越位

1．越位位置

只是在越位位置，不判罚越位。一球员有以下情形即是在越位位置：他比球和对方最后第二名球员更接近对方的球门线。一球员有以下情形即不是在越位位置：他在己方的半场；他与对方最后第二名球员平行；他与对方最后两名球员平行。

2．判罚越位

一球员在越位位置，只有在同队球员触球或玩球时，裁判认为他介入比赛，有以下情形，才判罚越位：影响比赛；影响对方球员；在越位位置而获得利益。

3．违规及罚则

对于任何越位，裁判应判由对方在越位发生地点，罚一间接自由球。如果越位地点在对方球门区内，则间接自由球可以在球门区内任何一点踢球。

（九）角球

角球是重新开始比赛的一种方法。角球直接进入球门，可算进球。但是只有进入对方球门才算。

当整个球体越出球门线，无论是在地面或空中，依据规则第十一章并未进球，而球最后是触及守方球员，则判以角球。

（十）罚球区域

在球场两端的端线上，各距球门柱 18 码的地方，向场内画一条 18 码长的垂线，使与端线成直角，更画一线将这两条垂线伸向场内的两端连接，并与端线平行，在此三线与端线以内的地面，称为罚球区域。在球门线中央距场内 12 码处，各作一清晰的记号，这就是罚十二码球的罚球点。以每一罚球点为圆心，10 码为半径，在罚球区外画一圆弧。

（十一）角球区域

以每一角旗杆竖立点为圆心，1 码长为半径，在球场内画一个圆的 1/4。

（十二）球门

球门应设在两端线的中央，并须有两根直竖的柱子，上架一横木，两门柱到角旗的距离应相等。两门柱相距为 8 码（从柱的内方量起），横木的下方距地面为 8 英尺。门柱和横木的宽度应相同。门柱和横木的宽度与厚度，均不得超过 12 厘米（5 英寸）。门后可装一网，接连于门柱、横木及地面，但这网应妥为撑持，使守门员有充分活动的余地。球网可用大麻、黄麻或尼龙线编成，但尼龙线的绳子，不能比大麻或黄麻编的细小。

（十三）界外球

整个球体在空中或地面，全部越出边线时；在越出边线地点，由最后触球球员的对方掷球入场，重新开始比赛。掷界外球的球员，必须站在边在线或边线外，两脚着地，面对球场，并用双手掷球。掷界外球直接进入对方球门，不算得分。

（十四）球门球

直接进入对方球门，算得分。球由攻方球员触及，整个球体在空中或地面，全部越出球门线时，则判球门球。由守方球员在球门区内任何一点踢球门球。

二、足球竞赛裁判法

（一）直接自由球

裁判认为球员的动作拙劣、鲁莽或使用暴力，而有以下 6 种犯规之一，应判由对方罚一直接自由球：①踢或企图踢对方球员；②绊倒或企图绊倒对方球员；③跳向对方球员；④冲撞对方球员；⑤殴打或企图殴打对方球员；⑥推对方球员。

球员有以下 4 种犯规，亦应判由对方罚一直接自由球：①向对方球员铲球，在触球前先触及对方球员；②抓拉对方球员；③向对方球员吐口水；④故意用手触球（守门员在己方罚球区内不受本条文限制）。

（二）间接自由球

守门员在己方的罚球区内，有以下 4 种犯规之一，应判由对方罚一间接自由球：①守门员用手控球，在将球交出之前，时间超过6秒；②守门员将球交出，在球未触及其他任何球员之前，再一次用手触球；③同队球员故意将球踢向守门员，守门员用手触球；④直接获得同队球员掷球入场，守门员用手触球。

裁判认为球员有以下犯规，应判由对方罚一间接自由球：①动作有危险性；②阻挡对方球员前进；③阻碍守门员用手将球交出。

（三）警告的犯规

球员有以下7种犯规之一，应被警告并举黄牌：①有非运动精神行为；②用言语或动作表示异议；③连续地违反规则；④延误重新开始比赛；⑤踢角球或自由球重新开始比赛时，不与球保持必要距离；⑥未得裁判允许即进场或又进场；⑦未得裁判允许即故意离开球场。

（四）判罚离场的犯规

球员有以下6种犯规之一，应被判罚离场并举红牌：①严重犯规：②有粗鲁行为；③向对方球员或其他任何人吐口水；④故意用手触球，阻止对方球员进球或失去明显的进球机会（守门员在己方罚球区内不受本条文限制）；⑤利用犯规被判罚自由球或罚球点球，而使正向球门前进的对方球员失去明显的进球机会；⑥口出无礼、侮辱、谩骂言语及（或）动作。

第五节 足球考试内容与评分标准

一、考试内容

（1）颠球。

（2）定位球踢远。

（3）定位球踢准。

（4）运球绕杆射门。

二、考试方法与评分标准

（一）颠球

受测者用下肢、胸部、头部颠球。以颠球次数评定达标分占该项得分的70%，另30%为技术评定分，两者之和为该项考试得分。

（二）定位球踢远

受测者将定位球凌空踢起，落在 10 米宽的范围内，每人踢球 3 个，以最远的一个丈量成绩，按第一落点丈量成绩评定达标分占该项得分的 70%，另30% 为技术评定分，两者之和为该项考试得分。

（三）定位球踢准

将球凌空踢起，男生的球落在 23 米处的同心圆形区域内，女生的球落在15 米处的同心圆形区域内。受测者每人踢球 5 个，以得分最高的 4 个球计算成绩。踢中 1 号区（半径 1.5 米）为 25 分；2 号区（半径 2.5 米）为 20 分；3号区（半径 3.5 米）为 15 分；踢在某一区线上，按高分区得分。按落点区域评定达标分占该项得分的 70%，另 30% 为技术评定分，两者之和为该项考试得分。

（四）运球绕杆射门

设 5 条杆并牢牢插入地面，每杆之间相距 3 米，受测者听到"开始"口令（计时开始），即从起点线运球依次绕杆至禁区外射门，当球越过两门柱的垂直线上（计算时间），按所需时间来评定达标分占该项得分的 70%，另 30%为技术评定分，两者之和为该项考试得分。

三、具体要求

（一）颠球

颠球高度不限。颠球过程中球落地或手臂触球时颠球即停，考试即止。受测者用两脚、大腿部位颠球时，两脚必须交替进行。单脚或大腿连续颠球时，颠球不予计算累计数。

（二）定位球踢远

球必须凌空踢起，地滚球的远度为零。球必须落在规定的场地内，触界线为有效球，球的整体出界为踢球失误。

（三）定位球踢准

球必须凌空落地，地滚球以零分计。

（四）运球绕杆射门

射门必须命中，否则不予计算成绩，并按考试一次论处。

四、评分表

（一）颠球（见表4-1）

表4-1 颠球考试评分表

得分		100	95	90	85	80	75	70	65	60	55	50	45
次数	男	50	45	40	35	30	25	20	15	10	8	7	6
	女	40	36	32	28	24	20	16	12	9	7	6	5

（二）定位球踢远（见表4-2）

表4-2 定位球踢远评分表

得分		100	95	90	85	80	75	70	65	60	55	50	45
远度（m）	男	40	38	36	34	32	30	28	26	24	22	20	18
	女	30	28	26	24	22	20	18	16	14	12	10	8

（三）运球绕杆射门（见表4-3）

表4-3 运球绕竿射门评分表

得分		100	95	90	85	80	75	70	65	60	55	50	45
时间（s）	男	6.5	7	7.5	8	8.5	9	9.5	10	10.5	11	11.5	12
	女	10	10.5	11	11.5	12	12.5	13	13.5	14	14.5	15	15.5

（四）技术评分参考（见表4-4）

表4-4 技术评分参考

等级	分值	标准
A	90～100	动作非常熟练
B	80～89	动作较熟练
C	60～79	动作基本熟练
D	40～59	动作不够熟练

第五章 排球

第一节 排球运动概述

排球运动 1895 年起源于美国，最初是在篮球场地上挂一张网，两队隔网站立，以篮球胆为球，在网上打来打去，不使其落地的一种游戏。后来，美国马萨诸塞州霍利奥克城的基督教青年会干事摩根（W. G. Morgan）创造了排球比赛。1896 年，摩根制定了世界上第一个排球竞赛规则，同年在斯普林菲尔德专科学校举行世界上最早的排球赛。斯普林菲尔德市立学院的特哈尔斯戴博士将其命名为 volleyball，意为"空中飞球"。

排球运动 1900 年左右自美国传入加拿大，1905 年传入古巴、巴西等国家，成为当时风靡美洲的一项时尚运动。1914 ～ 1918 年第一次世界大战期间，排球运动先后在法国、意大利、波兰等国家流传开来并得到广泛开展。排球规则在发展过程中不断完善。1912 年排球比赛规则规定，双方上场的运动员必须轮转位置。1917 年规定每局为 15 分，五局三胜制。1918 年规定上场运动员每队为 6 人。1922 年规定每方必须在 3 次以内将球击过网。1949 年在捷克斯洛伐克的布拉格举行了首届世界男子排球锦标赛，1952 年在苏联的莫斯科举行了首届世界女子排球锦标赛。1964 年排球运动就成为奥运会的正式比赛项目。

第二节 排球基本技术

排球技术是运动员在比赛规则允许的条件下，采用的各种合理的击球动作和配合动作的总称，是排球运动的基础和重要组成部分。排球技术可分为有球技术和无球技术。有球技术主要包括传球、垫球、扣球、发球和拦网；无球技术主要包括准备姿势、移动、起跳和各种掩护性动作等。

一、准备姿势和移动

准备姿势和移动是各项技术战术串联、衔接的基础，所以要求准备姿势要合理，判断要准确，启动要迅速，移动步法要灵活，制动要有力。

（一）准备姿势

两脚开立，距离比肩稍宽，两脚尖适当内扣，脚后跟抬起，膝关节弯曲成半蹲，上体前倾，重心着力点在前脚掌拇趾根部，两肩前探超出膝关节，两臂自然弯曲置于胸腹之间，抬头看球，随时准备移动。

（二）移动步法

比赛中常用的移动步法有滑步、交叉步、跨步和跑步。

（1）滑步：当球距离身体较近、弧线较高时，可采用滑步。

（2）交叉步：当来球距离身体两米左右时，使用交叉步。

（3）跑步：采用跑步移动时，两臂要配合摆动，应根据来球的方向，边跑边转身。

（4）跨步：当来球较低且距离较近时，可用跨步。

二、发球

排球发球技术分为下手发球、上手大力发球、上手飘球、侧面下手发球、勾手大力发球、勾手飘球、高吊球、跳发球等。总的来说，发球动作包括准备姿势、抛球、挥臂、击球这 4 个环节。

（一）下手发球

下手发球有正面下手发球和侧面下手发球两种姿势，现在只以正面下手发球为例作简单介绍：面对球网，两脚前后开立，左脚在前，两膝微屈，上体前倾，重心偏于后脚，左手持球与腹前，右臂自然下垂。然后，左手将球在体前右侧轻轻抛起，同时，右臂后摆、伸直，以肩为轴，向前摆动至腰前，以虎口、掌根或全掌击球的后下部，与此同时，右脚蹬地，身体随击球的动作前移，迅速进入场内。

（二）上手大力发球

面对球网，两脚前后开立，左脚在前，重心偏于右脚，左手持球于腹前。发球时，向右臂前上方抛至高于击球点 30 厘米处，同时右臂抬起，屈肘后引，使肘与肩平，手高于头。击球时，挺胸展腹，上体稍右转，五指自然张开，用全手掌击球的中后部，击球点保持在右臂前上方，并伴有手腕向前的推压动作。

（三）勾手飘球

身体侧对网，两脚开立，与肩同宽，左手持球于胸前，随后将球平稳地抛至左肩右前方一臂的高度，右臂向右后拉，挥动，接着以蹬地、转体的力量，在头前上方用掌跟击球中后部。击球短促、突然，并通过球重心，使球不旋转而可能飘动。击球后手臂有突停动作，上体迅速前移，迅速进场。

三、垫球

垫球是用双臂或单臂利用来球的反弹力将球击出的方法。主要用于接发球、接扣球、接吊球、接拦回球和处理各种高难度来球，是组织进攻和反攻战术的基础。按其动作方法可分为正面双手垫球、正面低姿垫球、跨步垫球、体侧垫球、侧倒垫球、背向垫球、滚翻垫球、前扑垫球、鱼跃垫球、单手垫球、单手和双手挡球等。垫球技术按运用分类时可分为接发球、接扣球、接拦回球、接其他球等。

（一）正面双手垫球

两腿弯曲成半蹲姿势，两手手指重叠合掌互握，两拇指并拢，尽量握实，压腕，两臂外翻，前伸至球下。同时，蹬地、提肩、抬臂，使重心上移，用腕关节上方约 10 厘米处击球的后下部，将球向前上方击出。

（二）跨步垫球

当来球部位低、离人远时，要看准来球，及时向前或向侧跨出一大步，屈膝制动，重心落在跨出腿上，上体前倾，臀部下降，后腿自然伸直或随重心前移而跟着上步，两臂前伸，用前臂击球后下部。

四、扣球

扣球是运动员跳起在空中，将高于球网上沿的球有力地击入对方区域的一种击球方法。由于扣球时能充分利用全身力量，扣出的球又快又猛，所以它是排球比赛中最积极、最有效的进攻手段之一。

（一）近网扣球

近网扣球，垂直起跳，起跳后，挺胸抬臂，利用含胸动作发力，以肩为轴向前挥动手臂，加强屈肘甩腕动作，以全掌击中球后中上部，击球点不宜靠后。击球时，手掌包满球，手腕快速抖动，击球后手臂顺势收回，以防止手触网。

（二）远网扣球

远网扣球时，充分利用收腹，加大手臂挥击动作，增加扣球力量。击球瞬间，手腕推压动作要明显。

五、传球

传球是利用手指、手腕的弹击动作将球传至一定目标的击球方式。按照传球的方向可分为正面传球、背面传球和侧传球。

（一）正面传球

两膝微屈，两手十指张开成半球形置于额上 10 ～ 15 厘米处，腕后仰、屈肘适当外展，用蹬地、伸臂、手腕伸屈和手指弹拨的方式将球向前上方传出。用拇指的内侧，食指的全部，中指的二、三关节触球，无名指和小拇指在两侧做辅助动作。

（二）背面传球

身体基本姿势和手形与正面传球基本一致。上身保持正直或稍后仰，身体重心放在两脚之间，双手自然抬起，放松置于脸前，触球时，抬上臂、挺胸、上身后仰，掌心向上击球的下部。

六、拦网

拦网指队员在球网上空拦阻对方击来的球。是防守反击的第一道防线，也是主要得分的手段。动作由准备姿势、移动、起跳、空中拦击和落地等相互衔接的五个部分组成。主要分为单人拦网和集体拦网，下面以单人拦网为例作简单介绍。

单人拦网的动作要领是两膝微屈，两臂在胸前自然屈肘，身体距网30 ～ 40 厘米，准备拦网时，迅速以并步、交叉步或侧身跑对准对手进攻的位置，然后蹬地、摆臂起跳，双手十指张开伸臂过网，两手之间的距离小于球的直径，手触球的同时手腕用力前屈盖压。

第三节 排球基本战术

排球战术是指队员在比赛中，根据排球规则要求、排球运动规律和比赛双方情况，合理运用技术所采用的有意识、有目的，有组织的个人和集体配合行动。全面，准确，熟练和实用的技术是组织战术的基础，而合理的运用战术又能更加充分地发挥技术的威力。

一、阵容配备

阵容配备指比赛时场上人员的搭配布置。阵容配备的目的是合理地把全队的力量搭配好，更有效地发挥每一个队员的特长和作用。为此，在组织阵容时，应该考虑根据队员的身体素质、技术水平合理安排其在阵容中的位置，把进攻力量强的和防守技术好的队员搭配开，使每一轮次都有较强的进攻能力和较好的防守能力；主攻手、副攻手和二传手分别安插在对称的位置上，以便在轮转时保持比较均匀的攻防力量；根据战术需要和队员间默契程度，把平时配合较好的进攻队员和二传队员安排在相邻的位置上；扣球好的主攻手一开始站在最有利的位置上，如4号位；防守好的队员，应站在后排；本方有发球权时，发球好的队员最好站在1号位；发球权在对方时，发球好的队员可站在2号位；一传较差的队员尽可能不要安排在相邻的位置上，避免形成薄弱地区。

根据各队不同的技术水平和战术特点，一般有以下三种阵容配备。

（一）"四二"配备

"四二"配备即场上两个二传手、四个攻手（其中两个主攻手、两个副攻手），安排在对称的位置上。每一轮次前排都有一个二传队员和两个进攻队员，便于组织前排二传传球的两点进攻和后排二传插上传球的三点进攻。但每一个进攻队员必须熟悉两个二传队员的传球特点，配合比较困难。见图5-1。

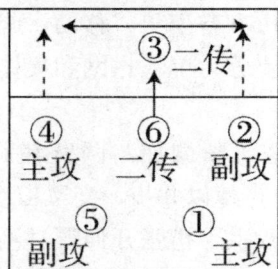

图5-1 "四二"配备

（二）"五一"配备

"五一"配备即场上一个二传队员，五个进攻队员。为了弥补有时主要二传队员来不及传球所出现的被动局面，通常在二传队员的对角位置上，配备一名有进攻能力的接应二传队员。二传队员在前排时采用两点进攻，二传队员在后排时采用进攻和拦网的力量。"五一"配备中，全队进攻队员只需适应一名二传队员传球的习惯、特点，容易建立配合间的默契。但防反时，一传队员如果在后排，要插上传球，难度较大。见图5-2。

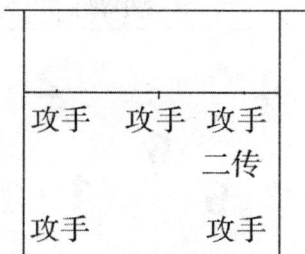

图5-2 "五一"配备

二、进攻战术

进攻战术是指在接对方发过来、扣过来、拦过来和传、垫过来的球后，全队所采取的有目的、有组织的配合进攻行动。进攻战术又可分为进攻阵形和进攻打法两方面。

（一）进攻战术阵形

进攻战术阵形即进攻时的采取的队形。进攻时所采用的阵形是基本一致的，不外"中一二""边一二""插上"三种阵形。

1. "中一二"进攻战术阵形

3号位员作二传，将球传给4、2号位队员进攻的组织形式。其优点是一传向网中3号位垫球比较容易，因而有利于组成进攻，适合初学者采用；二传队员在网前接应一传的移动距离近，向2、4号位传球的距离较短，容易传准。缺点是战术变化少，对方容易识破进攻意图。见图5-3。

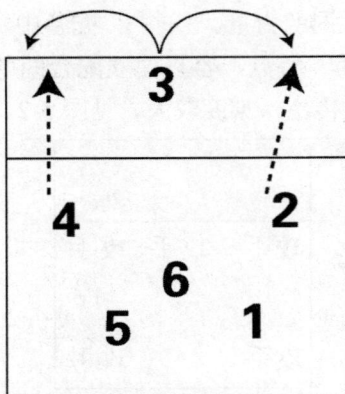

图 5-3 "中一二"进攻战术阵形

2. "边一二"进攻战术阵形

2 号位队员作二传，将球传给 3、4 号位队员进攻的组织形式。其优点是右手扣球者在此 3、4 号位扣球比较顺手，战术变化较多。缺点是号拉接一传时，向 2 号位垫球距离较远；一传垫到来号位时，二传传球较为困难。见图 5-4。

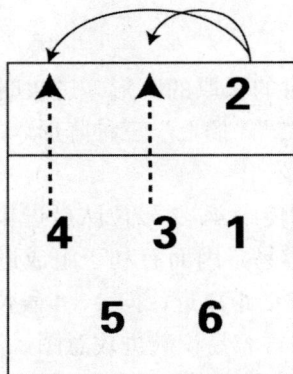

图 5-4 "边一二"进攻战术阵形

（二）进攻战术打法

进攻战术打法是指二传队员与扣球队员之间所组织的各种进攻配合。包括强攻、快攻和两次球进攻三种基本打法。每种打法中又有若干不同战术配合。而所有这些打法又都可以在"中一二""边一二"进攻战术阵形中具体运用。

1. 强攻

强攻指在没有同伴掩护、对方有准备的拦防情况下，强行突破的进攻。

强攻的二传球较高，根据不同的二传球位置，可以分为集中进攻、拉开进攻、围绕进攻、调整进攻等，后排队员的高球进攻也属于强攻的打法。

2. 快攻

快攻指扣二传传出的各种平快球，以及用这些平快球作掩护所组成的各种战术配合。可以分为平快球进攻、自我掩护进攻、快球掩护进攻三类。平快球进攻常用的有前快、背快、短平快、平拉开、背溜、调整快、远网快、后排快、单脚起跳快等。自我掩护进攻包括时间差、位置差、空间差的进攻。快球掩护进攻包括各种交叉进攻、夹塞进攻、梯次进攻、前排快攻掩后排进攻的本位进攻等。

3. 两次球进攻

两次球进攻指一传来球较高，又在网前适合扣球的位置上，前排队员跳起来直接进行扣球，如遇拦网，就在空中改作二传，把球转移给其他前排队员进攻。

三、防守战术

排球的防守战术是组织进攻或反攻或反攻战术的基础，没有严密的防守，进攻就无从组织。而一切防守战术都应从积极为进攻和反攻创造条件的角度进行设计和考虑。

（一）接发球的防守战术

当对方发球时，本方处于防守地位，也是组织第一次进攻的开始。事先站好位置，摆好阵形，是接好发球的基础。站位的阵形，不仅要有利于接球，也要有利于本方所采用的进攻战术。同时，还要根据对方发球的特点，采取不同的阵形。通常多采用五人接发球和四人接发球。

1. 五人接发球站位阵形

除 1 名二传队员站在网前或从后排插上准备二传不接发球外，其余 5 名队员都按担负一传任务的接发球站位阵形。其优点是队员均衡分布，每人接发球的范围相对减小；接发球时，已站成基本的进攻阵形，组织进攻比较方便，适合接发球水平不太高的球队。其缺点是一传队员从 5 号位插上时距离较长，难度大；3 号位队员接球时，不便组成快攻战术；不利于队员间的及时换位；队员之间地带较多，配合不默契时，容易互相干扰。

2. 四人接发球站位阵形

插上二传队员与同列的前排队员均站在网前不接发球，其他 4 人站成弧形接发球的站位阵形。其特点是便于后排插上和不接发球的前排队员及时换位；其缺点是对接发球的 4 人要求有较高的判断、移动能力和掌握较好的接发球技术。

（二）接扣球的防守战术

接扣球的防守与组织反攻是密不可分的，只有防守成功才能有富有成效的反攻。接扣球的防守战术是前排拦网与后排防守的整体配合，根据对方进攻情况、本队队员特长、防守后的反攻打法，一般可分为不拦网、双人拦网和三人拦网的防守阵形。

1. 不拦网的防守阵形

在对方进攻较弱，没有必要进行拦网时，可以采用不拦网的防守阵形。这种阵形与 5 人接发球站位阵形相似，前排进攻队员要撤到进攻线后，准备防守和防守后的反攻；后排队员后退，准备防后场球：二传队员留在网前，准备接吊到网前的球和组织进攻。

2. 单人拦网的防守阵形

当对方扣球威胁不大、扣球路线变化不多、轻打中吊球较多时，可以主动采用单人拦网的防守阵形。拦网队员拦扣球人的主要进攻路线，不拦网队员及时后撤防守前区或保护拦网人，后排队员后撤加强后场防守。

3. 双人拦网的防守阵形

对方水平较高、进攻力量较强、进攻路线变化较多时，多采用这种防守阵形，即两人拦网、4 人接球。通常分为"边跟进"和"心跟进"两种。

（1）"边跟进"：多在对方进攻较强，吊球较少时采用。当对方 4 号位队员进攻时，本方 2，3 号位队员拦网，其他 4 个队员组成半圆弧形防守。如遇对方吊前区，由边上 1 号位队员跟进防守。其特点是加强了拦网；缺点是边上的队员既要防直线，又要跟进防前区，比较困难。

（2）"心跟进"：在本方拦网能力强，对方采取打吊结合时采用。当对方 4 号位队员进攻时，本方 2，3 号位队员拦网，后排中间的 6 号位队员在本方拦网时跟在拦网队员之后进行保护，其余 3 名队员组成后排弧形防守。其优点是加强了前区的防守能力，缺点是后排防守队员之间的空当较大。

4. 三人拦网时的防守阵形

对方主要扣球手进攻实力很强，不善吊球的情况下可采用 3 人拦网、3 人后排接球的防守阵形。这种阵形加强了网上力量，但后防的空隙也相对增大。3 人拦网时，后排防守的 6 号位队员可以跟进到进攻线附近保护，也可以退至端线附近防守。

（三）接拦回球的防守战术

本方扣球时必须加强保护，积极接起被拦回来的球，并及时组织继续进攻。由于拦网人可以将手伸过网拦网，拦回的球通常速度快、角度小，因而接拦回球的保护阵形应形成多道防线的弧形状，且第一道防线紧跟在扣球人身后。以本方 4 号位队员进攻，其他 5 人保护为例。5 号位队员向前移动和向左后方移动的 3 号位队员形成第一道防线，1 号位队员保护后场，为第三道防线。其他位置进攻时，保护的阵形可按同样道理布阵。

（四）接传、垫球的防守战术

当对方无法组织进攻，被迫用传、垫球将球击入本方时，本方的防守便称为接传、垫球的防守。这种情况在初学者中出现较多。由于来球的攻击性小，本方的防守阵形与不拦网情况下的防守阵形相同，即前排除二传队员外，其他的队员都迅速后撤到各自的位置，准备接球后组织进攻。需要注意的是在后撤和换位的过程中，动作要迅速并随时做好接球的准备。

（五）攻防转换

在排球比赛中，攻与防是密切联系、相互转换、连续进行的。这不仅在于排球技术本身具有攻与防的双重含义，还由于全攻全守、攻防兼备是当前排球运动的发展趋势。正在进攻的一方，必须同时注意防守；处于防守的一方，必须随时准备反攻。在进攻与防守的转换中，如果准备不充分，动作不连贯，一味进攻，都可能贻误战机，招致失败。因而，在进攻的时候准备防守，在防守的时候想到进攻，才能有备无患，立于主动。同时，在阵容部署上也要有相应的措施和方法。

1. 由进攻转入防守

当球扣入对方区后，进攻的一方应立即转入防守状态。当球扣过网或二传不慎传球过网后，前排队员应迅速靠网前站位，准备拦网；后排队员由上前保护扣球迅速退守原位，准备防守。其阵形一般有"三一二"站法和"三二一"站法两种。前者适合于"心跟进"防守阵形，后者适合于"边跟进"防守阵形。

2. 由防守转入进攻

当对方扣球过网后，防守一方在防守的一刹那就转入了进攻。这是由于后排队员在防守来球时，必须根据本队所采用的进攻战术，有目的地将球起到预定目标，并根据保护扣球的部署，立即跟进保护前排队员进攻。前排参加拦网的队员，在完成拦网动作之后，必须立即转身或后撤，准备接应或反攻扣球。前排未参加拦网的队员，在后撤防守之后，转入接应或反攻扣球。

第四节 排球比赛规则

排球比赛的规则主要包括比赛环境设施的规则、参赛人员的规则、计分规则和比赛的动作技术规则。相对其他球类规则，较为简单，易于掌握。

（一）比赛环境设施规则

排球比赛场地通常是一个长为 18 米、宽为 9 米的长方形，并且地面要求必须平坦，场中间横画一条线把球场分为相等的两个场区，两半场离中线 3 米处各有一条限制线。场地四周至少有 2 米空地，场地上空至少 7 米内不得有障碍物。场上所有线宽均为 5 厘米。发球区短线 15 厘米，与端线垂直并距端线 20 厘米。

场地中线上空架有球网。其颜色为黑色，通常网宽 1 米、长 9.50 米，网眼直径 10 厘米。挂在场外两根圆柱上。一般情况下，女子比赛网高 2.24 米，男子比赛网高 2.43 米。球网两端垂直于边线和中线的交界处各有 5 厘米宽的标志带，在标志带的外沿分别有一根长 1.80 米的标志杆。

排球的圆周为 65 ~ 67 厘米，重量为 260 ~ 280 克，气压为 0.40 ~ 0.45 千克 / 厘米。

（二）计分规则

胜一分：在比赛过程中，每胜一球，即得一分（比赛采用的是每球得分制）。如比赛中，发球队获胜，则得一分且继续发球；接球队获胜，则得一分且获得发球权。如双方队员同时犯规，则判为"双方犯规"，均不得分，球由原发球队重新发球。

胜一局：比赛的前四局以先得 25 分，同时还要超过对方 2 分才能称为胜一局。当比分为 24：24 时，比赛继续进行到某队领先 2 分为胜一局。比如最终至 26：24，27：25. 决胜局则是以先得 15 分、同时也得超过对方 2 分才能为胜。其比分也与上雷同，即：当比分为 14：14 时，比赛继续进行到某队领先 2 分为止。

胜一场：正式的比赛多采用五局三胜制，比赛过程中，最多比赛 5 局，先胜 3 局的队为胜一场。

（三）参赛人员的规则

规则规定 1 个队最多有 12 名队员，教练员、助理教练员、医生各 1 人。

队员服装必须统一，上衣前、后有明显号码。教练员可在暂停和局间时间进行指导。比赛中只有场上队长可向裁判员提出询问或要求解释规则。如果教练员或队员有非道德行为表现，裁判员将出示黄牌给予警告，如再犯将出示红牌，判罚该队失发球权或对方得1分。如有辱骂裁判员或对方队员等严重犯规者，将取消其该局或全场比赛资格。每局比赛前，教练员必须将上场阵容位置表交给记录员或第二裁判员，不得更改。每队上场6人，站成两排，从左至右，前排为4，3，2号位，后排为5，6，1号位。在发球时，双方队员都必须按规定位置站好，否则将被判失发球权或对方得1分。比赛成死球时，教练员和队长可向裁判员请求暂停或换人。每次暂停不得超过30秒。1局比赛每队可要求两次暂停。每队在1局比赛中，换人最多不得超过6人次。

（四）比赛动作技术规则

1. 发球

获得发球权的一方须先轮转，在裁判员鸣哨后3秒钟内，1号位队员将球击出。发球离手后，如果球在中途触及发球队场上队员、球网、标志杆、其他障碍物或从过网区以外越过，球落在对方界外或发球不过网均为视为发球失误，在此情况下，发球权转交对方。在本队未失误的状态下，发球队员则连续发球。

2. 触球

队员可以用膝关节以上身体任何部位触球，但不能停留，如果出现捞、捧、推、掷球的情况则被判为持球。除拦网外，每队最多触球3次，如果1个队员连续触球多于1次（拦网除外），则被判为连击。同队2个队员同时触球作为2次触球。但双方队员在网上同时触球后均可再击球3次。

3. 进攻性击球

进攻性击球是指直接向对方场区的击球。前排队员可在本场区对任何高度的球作进攻性击球。后排队员在进攻线前的前场区只能作整个球体不高于球网上沿的进攻性击球，但在进攻线后起跳则可击任何高度的球。

4. 过网

队员不得过网击球，击球点在本场区，球离手后手随球过网不判过网犯规。对方击球前，拦网队员手触及对方场区上空的球，判拦网队员过网犯规。当对方队员击球后，许可在对方场区拦网。

5. 过中线

队员身体任何部位越过中线触及对方场区地面则被判过中线犯规。但一脚或双脚的一部分踏过中线，而另一部分踏在中线上或在中线上空则不判犯规。队员可伸手在网下击球，但不得阻碍对方队员。

6. 拦网

只准前排队员进行单人或集体拦网。在 1 次拦网中，球可连续触及 1 个或几个拦网队员的手、头或腰部以上身体任何部位，均算 1 次拦网。拦网后本队可再击球 3 次。拦网手触球后，球落界外为触手出界，判失误。此外，正式排球比赛应有第一、第二裁判员各 1 人，记录员 1 人，司线员 2～4 人。

第五节 排球考试内容与评分标准

一、考试内容

（1）二传传球。

（2）接发球垫球。

（3）上手发球。

（4）一般扣球。

二、考试方法与评分标准

（一）二传传球方法与评分标准

如图 5-5 所示，教师在 6 号位抛球至 3 号位，受测者在 3 号位将球传至 4 号位所能扣的球，连续传球 10 次。达标分占该项得分的 70%，另 30% 为技术评定分，两者之和为该项考试得分。

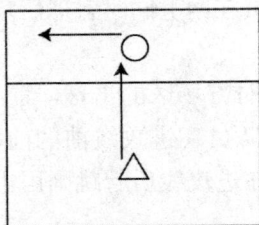

图 5-5 二传传球方法

达标：凡将球传有一定弧度并落到扣球位置上。达标一次得 10 分。

技评：动作不规范为不及格，传球手形正确但动作不协调为及格，传球手形正确且动作协调为优秀。

（二）接发球垫球方法与评分标准

如图 5-6 所示，教师在对方场内发"一般球"，受测者在场内 6 号位接垫球，把球垫到 2 ～ 3 号位之间。连续垫球 10 次。达标分占该项得分的 70%，另 30% 为技术评定分，两者之和为该项考试得分。

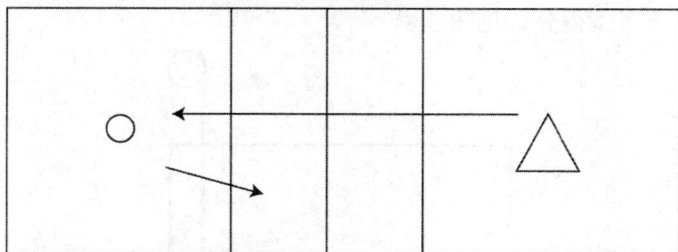

图 5-6　接发球垫球方法

达标：凡将球垫有一定弧度并落在 2 ～ 3 号位之间，达标一次 10 分。

技评：动作不规范为不及格，垫球不到位但动作比较正确为及格，垫球到位且动作规范协调为优秀。

（三）发球方法与评分标准

如图 5-7 所示，受测者在指定的发球区（男生限定上手发球，女生发球姿势不限）连续发球 10 次。达标分占该项得分的 70%，另 30% 为技术评定分，两者之和为该项考试得分。

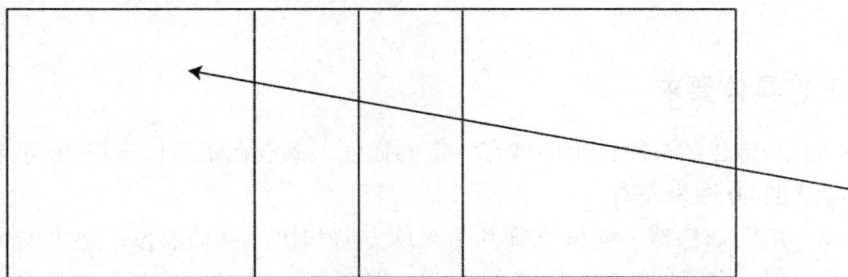

图 5-7　发球方法

达标：每次发球凡球落在接近边线或端线处（含球压线）为达标。成功一次得 10 分。

技评：动作不规范为不及格，发球有一定的攻击性但动作较差为及格，动作规范且有一定攻击性为优秀。

（四）一般扣球方法与评分标准

如图 5-8 所示，受测者自己选定 4（2）号位扣球位置，由教师或学生在 3 号位做二传传球，受测者在 4（2）号位上自己给一传后助跑起跳扣球，每个受测者连续扣球 10 次。达标分占该项得分的 70%，另 30% 为技术评定分，两者之和为该项考试得分。见图 5-8。

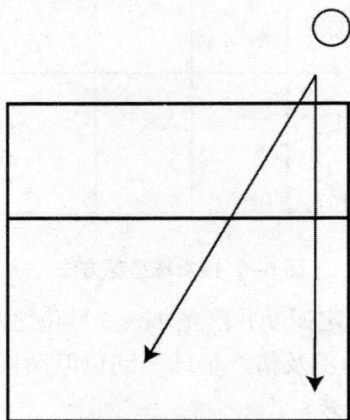

图 5-8 一般扣球方法

达标：凡扣球成功一次，得 10 分。

技评：助跑起跳不连贯、动作不正确为不及格，助跑连贯但扣球时机较差、击球手法正确为及格，助跑起跳连贯且扣球时机准确、击球手法正确为优秀。

三、具体要求

（1）二传传球：所传出的球有一定的弧度，落点在距离标志杆 40 厘米左右，距球网 40 厘米左右。

（2）接发球垫球：能够准确判断来球方向和快速移动取位，垫出的球弧度适宜，落点准确。

（3）上手发球：所发出的球弧度适宜、落点突出并具有一定的攻击性。

（4）一般扣球：所扣出的球有一定的攻击性，扣球线路清晰。

第六节 气排球

气排球运动是从排球运动衍生出来的一个新型运动项目。气排球运动实质上是一种减重、减速、降低网高、缩小场地、规则简单、趣味性强的适合于不同年龄人群的健身运动，体现出很强的健身性、竞技性、观赏性和娱乐性。

气排球运动是 1984 年由内蒙古呼和浩特济宁铁路分局职工首创为群众体育项目。最初的活动是组织离退休职工采用气球替代排球进行集体活动，由于气球有重量轻、容易爆的局限．所以人们从打一个气球变成把两个气球套在一起打，后来改成儿童软塑球，随后又参照排球规则制定了简单的比赛规则，并将这种活动取名为"气排球"。1989 年国家成立了气排球运动推广小组，提出在全国范围内推动气排球运动的快速发展，要求把气排球运动发展成为全民健身和文化娱乐的基本构成单元，并提议将重点放在工厂企业和学校社区。1991 年 10 月，火车头老年体协参照排球规则编写了第一本《老年人气排球竞赛规则》，并在上海特制了比赛用的气排球。1992 年 11 月，在武汉举行了首届全国铁路系统老年人气排球比赛，共有 7 支男队和 6 支女队参赛。1993 年 3 月，火车头老年人气排球协会正式成立，铁路系统开始有了一年一度的老年人气排球赛。2003 年 10 月，依据国家体育总局有关领导指示，排球管理中心发文，委托浙江省老体协修订了《老年人气排球竞赛规则》．这是国家体育总局排管中心首次介入气排球项目指导工作。2003 年 11 月 13 ～ 15 日在浙江省丽水市举办了华东地区首届老年人气排球邀请赛，这是第一次非铁路系统承办的较大规模的气排球比赛，标志着气排球运动开始走向社会。2005 年 7 月，中国老年人体育协会制定了《老年气排球竞赛规则》，气排球运动得到了进一步推广。2013 年，中国排球协会制定了《气排球竞赛规则》，为气排球活动在全国范围内的开展与推广，进行了规范、统一的指导和推动。经过多年的推广普及，发展迅速，势头强劲．受到越来越多人的欢迎和关注。特别是在不同年龄人群的健身活动内容中，气排球运动以其独特的魅力．逐渐占据了重要地位。

（一）球

第一代的气排球是由聚氨乙烯薄膜制成，圆周长为 80 ～ 83 厘米，重量为 100 ～ 150 克，球体大、球体轻、球速慢；第二代气排球，内外有两层，由超细纤维革包裹丁基胆制成。圆周长为 76 ～ 78 厘米，重量为 120 ～ 170 克，球体稍小、略重．球速和球体弹性适宜。

（二）场地

场地长 12 米，宽 6 米（后场米、前场）。球网高度男子为 2.00 ～ 2.10 米。女子为 1.80 ～ 1.90 米，每个场区距中线 2 米处画一条进攻线。由于气排球的球体轻飘，飞行速度较慢，不易对周围的设施产生破坏。场地要求较简单，在较为平坦的空地、营地或过道、草坪上都能进行活动。

（三）技术的创新

气排球的传球、垫球、发球、扣球、拦网等技术结构与硬式排球技术接近．且相互兼容。但由于气排球的球体特性及规则内容的不同，也发明了一些富有创新特色的技术动作，如双手托捧球、平捧球和夹捧球等，这些创新的技术动作在气排球运动中使用的效果非常好。

（四）规则的变化

气排球的比赛规则与方法简明易行，有利于公平竞赛和普及提高，方便参与，一个队队员 5 ～ 7 名，上场 4 ～ 5 人。比赛可分不同年龄组进行。更为创新的是，队员在进攻线后可以对任何高度的球完成进攻性击球。在进攻线内对高于球网上的球完成进攻性击球时，必须具有明显向上的弧度。

第六章 乒乓球

第一节 乒乓球运动概述

乒乓球是球类运动之一，又叫"桌上网球"。打球的时候，由于球发出"乒乓"声，所以称为"乒乓球"。乒乓球运动于19世纪末起源于英国，相传起源于网球。相传当时几位大学生将桌子当作场地，用木板将酒瓶塞像打网球一样在桌子上推来推去，故称之为"桌上网球"，也就是乒乓球的英文"table tennis"的由来。

1900年前后，由于轻工业的发展，球改成用赛璐珞制成的空心球。纽约的印刷工人海维特调制出一种外貌很像象牙，受热变软、遇冷变硬的人造塑料，取名为"赛璐珞"。1869年海维特用赛璐珞制造了一批乒乓球，很受人们欢迎。19世纪后，乒乓球运动便逐步发展起来。第一次大型乒乓球比赛于1900年12月在英国伦敦皇后大厅举行，开创了乒乓球比赛的先河。参加比赛的有300多人。比赛时，男运动员要穿上浆领子的衬衣和坎肩，女运动员要穿裙子甚至还要戴帽子。

1926年，国际乒乓球联合会正式成立，并决定举行第一届世界乒乓球锦标赛。1936年，第十届世界乒乓球锦标赛在匈牙利布格拉举行。1903年，英国人古德发明了胶皮球拍，有力地促进了乒乓球技术的发展。从1926年到1951年，世界各国选手大都使用表面有圆柱形颗粒的胶皮拍。这一时期乒乓球运动的优势在欧洲，其中匈牙利队成绩最突出。20世纪50年代初，奥地利人发明了海绵球拍，日本运动员道德在世界比赛中使用，并一举夺取得第19届世界锦标赛的四项冠军，打破了欧洲运动员的垄断地位。1959年，容国团获得了第25届世界乒乓球锦标赛男子单打冠军后，中国运动员开始登上了国际乒坛。逐渐形成了以"快、准、狠、变"为技术风格的直拍近台快攻打法。20世纪60年代，中国乒乓球技术水平位于世界最前列，乒乓球运动的优势由日本转移到中国。这是乒乓球运动水平的第二次大提高。

第二节 乒乓球基本技术

总体来说，乒乓球技术的 5 个基本因素是弧线、力量、速度、旋转和落点。具体讲，弧线是乒乓球在空中飞行的轨迹。力量作用于球，是通过球的前进速度和旋转强度表现出来的。如果想在进攻当中猛力扣杀，使对方接不好，那么就要打得有力量。如果想加大旋转的强度，无论是制造上旋或下旋，那么一定要用力摩擦球。为了尽量减少对方的准备时间，就必须抓紧时间，争取在最短、最快的时间内把球回击到对方的桌面上，使对方措手不及。为了增加对方还击的难度，还可以制造各种旋转球，迫使对方回球失误后"出机会"球，这就是旋转。乒乓球不大，要使自己打过去的球更具威力，必须调动对方前后、左右的移动或奔跑。

一、握拍技术

（一）直拍握法

用食指第二指节和拇指中段扣拍的正面，虎口贴柄，其他三指屈曲贴于拍的 1/3 上端。这种握法又叫中钳式握法。其特点是：手腕和手指的动作灵活，出手快，正手攻球时快速有力，但是反手攻球不易起重拍，防守时，照应面积小。

（二）横拍握法

虎口紧贴拍肩，拇指紧捏拍面，食指斜伸在拍的另一面。这种握法又叫八字式握法。其特点是：照顾面积大，便于发力，削球时，易于发挥手臂力量和掌握球的旋转变化。但在台内正手攻球很难掌握。

二、发球技术

发球是乒乓球的基本技术之一，在比赛中占有很重要的地位。发球是唯一不受对方制约的技术，同时也是争取主动、先发制人的一个重要环节。发球主要由抛球和挥拍击球两个动作组成。抛球是前提，击球部位和挥拍方向是决定发球性质的关键。发球的方法很多，常见的主要有以下几种。

（一）平击发球

平击发球是一般上旋、一般速度的发球，是乒乓球技术中最基本的一项发球技术。反手平击发球的动作要领是右脚在前，右手持拍从身体左后方向前挥动，拍面稍向前倾，击球的中上部。正手平击发球的动作要领是左脚在前，身体稍右转，轻轻把球向上抛起，持拍手向身体的右后方引拍，当抛起的球落回到比球网稍高时，向左前上方挥拍迎球，击球的中上部。

（二）正手发奔球

奔球又叫急长球、急上旋球。它的特点是球速快、落点长、冲力大。球的飞行弧线向左偏斜。它的动作要领是将球抛起后，持拍手向后引拍，前臂放松，使球拍顺势下降，当球回落至网高时，手臂向左前上方加速挥动，使球拍从右侧向左上部摩擦。

（三）正手发左侧上旋球

正手发左侧上旋球的动作要领是左脚在前，抛球的同时，持拍手向右上方引拍，手腕略外展上翘。球下落时，手臂迅速向左下方挥动，触球瞬间，手腕向左上方转动，使球向左侧上旋。

（四）高抛发球

高抛发球是利用抛出的较高球下落时的加速度增大对球拍的压力，发出的球速度快、冲力大、旋转变化多，落台后拐弯飞行。

三、接发球技术

接发球是乒乓球运动技术名词，指回接对方发球时使用的各种方法。它的技术要求是：首先，根据对方发球时的位置来调整自己的站位，一般采用的是斜角对立的方法。其次，根据对方发球动作的挥臂方向、幅度和拍面的角度，以及球的飞行弧线、速度来判断其旋转、落点，尤其要看清对方球拍触球瞬间的触球部位和挥拍方向等情况，运用针对性的技术加以回击。

接发球的主要战术是：①以搓球、削球的旋转和落点变化来削弱对方的攻势；②用快搓、摆短球遏制对方的发力抢攻（拉冲）；③以快拨、推挡和提拉等技术回接，争取形成对攻局面；④力争抢拉、抢攻在先，以免陷入被动挨打的困境。由于发球主动、多变，接发球已向全方位、多手段的方向发展。

接发球的方法有很多，归结起来，主要有以下几种：

（一）挑接

挑接是接短球的一种方法，分为正手挑和反手挑。从目前优秀运动员的实际应用情况来看，反手挑主要用于横板运动员。挑接的基本动作的要领是：

当球即将过网时，手伸进台内，同时，视来球的方位不同，选择不同的脚向前跨步，将腿插入台内。以右手拍选手为例，如果是正手位就上右脚，如果是反手位，用反手挑，也可以上手臂的同侧脚，如果是侧身位，则上左脚，右脚适当跟上一点；在来球的高点期，击球的后中部，以前臂发力撞击球为主；在击球一瞬间，手腕有一突然的微向内收（正手）和外展（反手），适当给球一点摩擦，以保证准确性。

（二）搓接

搓接一般多用于接短球，不提倡长球用搓接，这也是中国运动员技术打法风格所追求的。由于搓球的动作小，出手快，隐蔽性强，在长期的运用实践中，运动员根据自身特点，对这一技术进行了很细致的分化，有快搓、慢搓、摆短、搓长、晃撇等。

1. 摆短

摆短是快搓短球的一种方法。它最大的特点是出手快、突然性强，能有效地限制对手的拉、攻上手。但是，有三点要特别注意：一是在上升期接触球的中下部，以体现速度；二是手臂离身体要近一些，离得远，就很难控制这种精细的技术，影响准确性和质量；三是手臂不要过早伸入台内，这样不能形成较合理的节奏感，难以体现摆短出手快的特点。

2. 搓长

现在优秀运动员一般运用的搓长技术，是和摆短配合运用的快搓地线长球。它是以速度和突然性取胜。在搓长时，要以前臂发力为主，手腕的摆动不要过大，以免影响手上对球的感觉。

3. 晃撇

晃撇一般是在侧身位，正手搓侧旋球、斜线球，常用来接短球与侧身挑直线配合运用，可使对手不敢轻易侧身，进行有威胁的正手抢攻。晃撇接发球时，最好能够在来球的最高点击球，球拍接触球的后中下部，手腕略有外展，向左侧前下方摩擦球，使球带有左侧下旋，落台后向外拐，让对手不容易对准球。

（三）拉接

拉接一般是用来对付长球的方法。在拉接中，要特别注意第一时间与第二时间的本质区别。手低于台面接触球，一般情况下可以认为是第二时间，高于球台或基本与球台在一个平面上时，可认为是第一时间，此时拉接，容易发上力，能够保证一定的准确性，在第一时间上接触球时，就需要进行适当的调整，在时间上争取到主动。而在第二时间接触球时，就需要适当的调整，在力争压低弧线的同时，主要是要靠落点来控制对手。初学者在开始练习拉接时，要多注意练习在第一时间拉球，以体会发力击球对旋转的感觉，待水平达到一定程度后，再有意识地练习第二时间拉接的手上感觉。

（四）攻打

攻打在接发球中是一项难度比较大的技术，主要用来对付长球。攻打是乒乓球的一项主要技术，在比赛中的作用是显而易见的。可谓，难度大，威胁更大。

（五）接半出台球

在这里要特别强调的是半出台球的意识和胆量问题。其运用技术的基本原则是能拉接，不要搓撇。否则，将会非常被动的。在运用拉接技术时，不要拉手过大，手臂向球台靠近，抬高，击球点一般在台面以上，重心拔起来，前移，以前臂和手腕的突然向前发力为主，整个幅度不要过大，有点近似于小前冲。而在这些环节中，抬高重心是至关重要的。由于这种球，相对短球比较长，也可能会出台，并且比较顶，在运用挑接时，要给球一定的力量，有时挑这种球更像是突击。这样才能克服来球的旋转，也才可能达到挑接的目的。

四、推挡球

推挡球是以球拍推击球的一种技术。有挡球、快推、快拨、加力推、减力挡、推下旋、挤推、拱推等。特点是站位近，变化多，速度快，动作小，在相持或防御时使用能起到调动对方和助攻的作用。

（一）快推

快推是推挡球最常用的一项技术。它的特点是站位近、动作小、借力还击、速度快、线路变化多。其动作要领是左脚稍前，身体离台约50厘米。引拍时，手臂自然弯曲、上臂内侧靠于身体右侧，将球拍引至身体前方，拍面稍前倾。当来球至上升前期时，拍面稍前倾，击球中上部，前臂和手腕借来球反弹力迅速向前推出。击球以前臂和手腕发力为主，击球后要迅速还原。

（二）加力推

加力推适用于对付速度较慢、旋转较弱的上旋球，或力量较轻、着台后弹起较高的来球。其特点是回球力量重、速度快、击球点较高。它的动作要领是左脚在前，身体离台大约50厘米。引拍时，手臂自然弯曲并做外旋，拍面稍前倾，上臂后引，前臂提起，肘关节贴近身体，将球拍引至身体前上方。击球时，当来球上升到最高点时，击球中上部，上臂、前臂、手腕加速向前下方推压，腰髋、上臂、手腕配合发力。击球后要迅速还原。

五、攻球

攻球是比赛中争取主动和得分的重要手段。按身体方位有正手攻球、反手攻球、直拍反面攻球、侧身攻球；按站位有近台快攻、中台快攻、远台快攻；按动作有快抽、拉抽、扫抽、扣杀。特点是种类多，球速快，力量大。

（一）正手快攻

正手快攻的特点是站位近、动作小、速度快、线路活，并带有上旋，是近台快攻打法使用最多的一种攻球技术。其动作要领是左脚在前，持拍成半横状并向前倾，当球弹起上升时，手臂和手腕向前上方挥动，击球中上部，击球时，以前臂发力为主，击球后要迅速还原。

（二）反手攻球

反手攻球站位近、动作小、速度快、突击性强。一般用来回击落在左半台的来球，与反手推挡、正手攻球结合，能加强攻势，取得更多的主动权，但反手攻球因受身体妨碍，攻球力量不如正手大。其动作要领是右脚稍前，持拍手自然弯曲置于胸前偏左，重心偏于左脚。顺来球线路向后引拍。当球弹起时，持拍手由左后向右前上加速挥拍，前臂发力为主，手腕外转，拍面前倾，重心移至右脚，在胸前击球上升时的中上部。

（三）正手拉攻

正手拉攻站位稍远，动作小，速度快，线路活，带有上旋，主动发力击球，能创造扣杀机会。其动作要领是左脚在前，身体离台稍远，击球前，向右后引拍，使拍稍后仰，当球下落时，上臂由后向前加速挥动提拉，同时配合手腕动作向上摩擦击球中下部，击球后挥拍至前额。

六、搓球

搓球是近台还击下旋球的一种技术。种类较多，根据击球时间、落点和旋转的不同，分快搓、慢搓、转与不转搓球、侧旋搓球等。一般在左半台使用较多。动作要点是：球拍在体前，击球时，上臂前伸，拍面稍后仰，利用上臂前伸和旋外的力量，将球拍向前下方送出，在来球的下降期摩擦球的中下部。特点是动作小，弧线低，落点活，旋转变化多等，可以牵制对方的攻势，并为抢攻或抢拉创造机会。下面以右手为例作简单介绍：

（1）慢搓：近台站位右脚稍前，持拍手臂自然弯曲。击球时用前臂和手腕向前下方用力，拍面后仰，在下降期击球中下部。

（2）快搓：身体靠近球台，手臂向右前上方行拍，球在上升过程中，手臂手腕向前下方用力击球中下部。

第三节　乒乓球基本战术

一、发球抢攻战术

发球抢攻是我国直板快攻打法的"杀手锏"，是力争主动、先发制人的主要战术。各种类型打法的运动员普遍采用发球抢攻来抢占每个回合的上风。发球战术运用的效果主要取决于发球的质量和第三板进攻的能力。发球抢攻战术因打法的类型不同而有所差异。常用的发球抢攻战术主要有以下几种：

（1）正手发转与不转。

（2）侧身正手（高抛或低抛）发左侧上（下）旋球。

（3）反手发右侧上（下）旋球。

（4）反手发急球或急下旋球。

（5）下蹲式发球。

二、接发球战术

接发球战术与发球抢攻战术同样重要，在某种意义上讲，接发球水平的高低可以反映运动员的实战能力以及各项基本技术的应用程度。事实上，接发球者只是暂时处在被控制状态，如果你破坏了发球者的抢攻意图或者为他制造了障碍，减弱了对方抢攻的质量，也就意味着已经脱离被控制状态，变被动为主动了。控制与反控制是辩证的统一。常用的接发球战术有以下几个要点：

（1）稳健保守法。

（2）接发球抢攻。

（3）盯住对方的弱点处，寻找突破口。

（4）控制接发球的落点。

（5）正手侧身接发球。

三、搓攻战术

搓攻战术是进攻型打法的辅助战术之一，主要利用搓球旋转的变化和落点的变化为抢攻创造机会。这一战术在基层比赛中被普遍采用。搓攻战术也是削球型打法争取主动的主要战术之一。常用的搓球战术有：

（1）慢搓与快搓结合。

（2）转与不转结合。

（3）搓球变线。

（4）搓球控制落点。

（5）搓中突击。

（6）搓中变推或抢攻。

四、对攻战术

对攻战术是进攻型打法在相持阶段常用的一项重要战术。快攻类打法主要依靠反手推挡（或反手攻球）和正手攻球（或正手拉弧圈球）技术，充分发挥快速多变的特点来调动对方。常用的对攻战术有以下几种：

（1）紧逼对方反手，伺机抢攻或侧身抢攻、抢拉。

（2）压左突右。

（3）调右压左。

（4）攻两大角。

（5）攻追身球。

（6）变化击球节奏，加力推和减力挡结合，发力攻、拉与轻打轻拉结合，也可造成对手的被动局面。

（7）改变球的旋转性质，如加力推后、推下旋；正手攻球后，退至中远台削一板对方往往来不及反应，可直接得分或创造机会球。

五、拉攻战术

拉攻战术是以攻为主的选手对付削球的主要战术。为了发挥拉攻的战术效果，首先要具备连续拉的能力，并有线路、落点、旋转、轻重等变化，其次要有拉中突击和连续扣杀的能力。常用的拉攻战术主要有：

（1）拉反手后，侧身突击斜线或中路追身球。

（2）拉中路杀两角或拉两角杀中路。

（3）拉一角或杀另一角

（4）拉吊结合，伺机突击。

（5）拉搓结合。

（6）稳拉为主，伺机突击。

六、削中反攻战术

我国乒坛名将陈新华以及第 43 届世乒赛男单冠军丁松成功地运用削中反攻的战术创造了辉煌，令欧洲选手手足失措，无以应对。这种战术主要靠稳健的削球，限制对方的进攻能力，为自己的反攻创造有利条件。它不仅增强了削球技术的生命力，也促进了攻防之间的积极转化。常用的削中反攻战术主要有：

（1）削转与不转球，伺机反攻。

（2）削长短球，伺机反攻。

（3）逼两大角，伺机反攻。

（4）交叉削两大角，突击对方弱点。

（5）削、挡、攻结合，伺机强攻。

七、弧圈球战术

由于弧圈球战术把速度和旋转有效地结合起来，稳健性好，适应性强，许多著名选手已用它去替代攻球或扣杀。常用的战术如下：

（1）发球抢攻。

（2）接发球果断上手。

（3）相持中的战术运用。

第四节 乒乓球比赛规则

一、球台

球台的上层表面叫作比赛台面，是与水平面平行的长方形，长 2.74 米，宽 1.525 米，高地向高 76 厘米，台面可用任何材料制成，应具有一致的弹性，即当标准球从离台面 30 厘米高处落至台面时，弹起高度应约为 23 厘米。比赛台面不包括球台台面的侧面。台面应呈均匀的暗色，无光泽，沿每个 2.74 米的比赛台面边缘各有一条 2 厘米宽的白色边线，沿每个 1.525 米的比赛台面边缘各有一条 2 厘米宽的白色端线。比赛台面由一个与端线平行的垂直的球网划分为两个相等的台区，各台区的整个面积应是一个整体。双打时，各台区应由一条 3 毫米宽的白色中线，划分为两个相等的"半区"。中线与边线平行，并应视为右半区的一部分。

二、球网

球网装置包括球网、悬网绳、网柱及将它们固定在球台上的夹钳部分。球网应悬挂在一根绳子上，绳子两端系在高 15.25 厘米的直立网柱上，网柱外缘离开边线外缘的距离为 15.25 厘米。整个球网的顶端距离比赛台面 15.25 厘米。整个球网的底边应尽量贴近比赛台面，其两端应尽量贴近网柱。

三、球

球应为圆球体。2000 年 2 月 23 日，国际乒联特别大会和代表大会在吉隆坡通过 40 毫米大球改革方案，决定从 2000 年 10 月 1 日起，也就是在悉尼奥运会之后，乒乓球比赛将使用直径 40 毫米、重量 2.7 克的大球，以取代 38 毫米小球。球应用赛璐珞或类似的材料制成，呈白色、黄色或橙色，且无光泽。

四、球拍

球拍的大小、形状和重量不限，但底板应平整、坚硬。底板厚度至少应有 85% 的天然木料，加强底板的黏合层可用诸如碳纤维、玻璃纤维或压缩纸等纤维材料，每层黏合层不超过底板总厚度的 7.5% 或 0.35 毫米。用来击球的拍面应用一层颗粒向外的普通颗粒胶覆盖，连同黏合剂厚度不超过 2 毫米；或用颗粒向内或向外的海绵胶覆盖，连同黏合剂，厚度不超过 4 毫米。覆盖物应覆盖整个拍面，但不得超过其边缘。靠近拍柄部分以及手指执握部分可不予以覆盖，也可用任何材料覆盖。底板、底板中的任何夹层、覆盖物以及黏合层均应为厚度均匀的一个整体。球拍两面不论是否有覆盖物，必须无光泽，且一面为鲜红色，另一面为黑色。拍身边缘上的包边应无光泽，不得呈白色。由于意外的损坏、磨损或褪色，造成拍面的整体性和颜色上的一致性出现轻微的差异，只要未明显改变拍面的性能，可以允许使用。比赛开始时及比赛过程中运动员需要更换球拍时，必须向对方和裁判员展示他将要使用的球拍，并允许他们检查。

五、定义

（1）"回合"：球处于比赛状态的一段时间。

（2）"球处比赛状态"，从发球时，球被有意向上抛起前，静止在不执拍手掌上的一瞬间。到该回合被判得分或重发球。

（3）"重发球"：不予判分的回合。

（4）"一分"：判分的回合。

（5）"执拍手"：正握着球拍的手。

（6）"不执拍手"：未握着球拍的手。

（7）"击球"：用握在手中的球拍或执拍手手腕以下部分触球。

（8）"阻挡"：对方击球后，处于比赛状态的球尚未触及本方台区也未超过比赛台面或其端线，即触及本方运动员或其穿带的任何物品。

（9）"发球员"：在一个回合中，首先击球的运动员。

（10）"接发球员"：在一个回合中，第二个击球的运动员。

（11）"裁判员"：被指定管理一场比赛的人。

（12）"裁判助理"：被指定在某些方面协助裁判员工作的人。

（13）运动员"穿或带"的任何物品，包括其在一个回合开始时穿或带的任何物品。

（14）球从突出台外的球网装置之下或之外经过，或回击的球越过球网后又回弹过网，均应视作已"超过或绕过"球网装置。

（15）球台的"端线"包括端线两端的无限延长线。

六、合法发球

（1）发球时，球应放在不执拍手的手掌上，手掌张开和伸平。球应是静止的，在发球方的端线之后和比赛合面的水平面之上。

（2）发球员须用手把球几乎垂直地向上抛起，不得使球旋转，并使球在离开不执拍手的手掌之后上升不少于 16 厘米。

（3）当球从抛起的最高点下降时，发球员方可击球，使球首先触及本方台区，然后越过或绕过球网装置，再触及接发球员的台区。在双打中，球应先后触及发球员和接发球员的右半区。

（4）从抛球前球静止的最后一瞬间到击球时，球和球拍应在比赛台面的水平面之上。

（5）击球时，球应在发球方的端线之后，但不能超过发球员身体（手臂、头或腿除外）离端线最远的部分。

（6）运动员发球时，有责任让裁判员或副裁判员看清他是否按照合法发球的规定发球：①如果裁判员怀疑发球员某个发球动作的正确性，并且他或者副裁判员都不能确信该发球动作不合法，一场比赛中此现象第一次出现时，裁判员可以警告发球员而不予判分。②在同一场比赛中，如果运动员发球动作的正确性再次受到怀疑，不管是否出于同样的原因，不再警告而判失一分。③无论是否第一次或任何时候，只要发球员明显没有按照合法发球的规定发球，他将被判失一分，无须警告。

（7）运动员因身体伤病而不能严格遵守合法发球的某些规定时，可由裁判员作出决定免予执行，但须在赛前向裁判员说明。

七、合法还击

对方发球或还击后，本方运动员必须击球，使球直接越过或绕过球网装置，或触及球网装置后，再触及对方台区。然后双方队员轮流击球，如此反复下去，直到有一方得分。

八、比赛次序

（1）在单打中，首先由发球员合法发球，再由接发球员合法还击，然后两者交替合法还击。

（2）在双打中，首先由发球员合法发球，再由接发球员合法还击，然后由发球员的同伴合法还击，再由接发球员的同伴合法还击，此后，运动员按此次序轮流合法还击。

九、重发球

1. 应判重发球情况

（1）如果发球员发出的球，在越过或绕过球网装置时，触及球网装置，此后成为合法发球或被接发球员或其同伴阻挡。

（2）如果接发球员或同伴未准备好时，球已发出，而且接发球员或其同伴均没有企图击球。

（3）由于发生了运动员无法控制的干扰，而使运动员未能合法发球。合法还击或遵守规则。

（4）裁判员或副裁判员暂停比赛。

（5）在双打时，运动员错发、错接。

2. 可以暂停比赛情况

（1）由于要纠正发球、接发球次序或方位错误；

（2）由于要实行轮换发球法；

（3）由于警告或处罚运动员；

（4）由于比赛环境受到干扰，以致该回合结果有可能受到影响。

十、一分

除被判重发球的回合，下列情况运动员得1分：

（1）对方运动员未能合法发球；

（2）对方运动员未能合法还击；

（3）运动员在发球或还击后，对方运动员在击球前，球触及了除球网装置以外的任何东西；

（4）对方击球后，该球越过本方端线而没有触及本方台区；

（5）对方阻挡；

（6）对方连击；

（7）对方用不符合规定的拍面击球；

（8）对方运动员或他穿戴的任何东西使球台移动；

（9）对方运动员或他穿戴的任何东西触及球网装置；

（10）对方运动员不执拍手触及比赛台面；

（11）双打时，对方运动员击球次序错误；

（12）执行轮换发球法时，接发球运动员或其双打同伴，包括接发球一击，完成了 13 次合法还击。

十一、一局比赛

在一局比赛中，先得 11 分的一方为胜方，10 平后，先多得 2 分的一方为胜方。

十二、一场比赛

（1）一场比赛应采用三局两胜制或五局三胜制或七局四胜制。

（2）一场比赛应连续进行，但在局与局之间，任何一名运动员都有权要求不超过 1 分钟的休息时间。

十三、发球、按发球和方位的选择

（1）选择发球、接发球和这一方、那一方的权利应由抽签来决定，中签者可以选择先发球或先接发球，或选择先在某一方。

（2）当一方运动员选择了先发球或先接发球，或选择先在某一方后，另一方运动员应有另一个选择的权利。

（3）在双打的第一局比赛中，先发球方确定第一发球员，再由先接发球方确定第一接发球员，在以后的各局比赛中，第一发球员确定后，第一接发球员应是前一局发球给他的运动员。

（4）在双打中，每次换发球时，前面的接发球员应成为发球员，前面的发球员的同伴应成为接发球员。

十四、发球、接发球次序和方位的错误

（1）裁判员一旦发现发球、接发球次序错误，应立即暂停比赛，并按该场比赛开始时确立的次序，按场上比分由应该发球或接发球的运动员发球或接发球；在双打中，则按发现错误时那一局中首先有发球权的一方所确立的次序进行纠正，继续比赛。

（2）裁判员一旦发现运动员应交换方位而未交换时，应立即暂停比赛，并按该场比赛开始时确立的次序按场上比分运动员应站的正确方位进行纠正，再继续比赛。

（3）在任何情况下，发现错误之前的所有得分均有效。

十五、轮换发球法

（1）如果一局比赛进行到 10 分钟仍未结束（双方都已获得至少 9 分时除外），或者在此之前任何时间应双方运动员要求，应实行轮换发球法。

（2）当时限到时，球仍处于比赛状态，裁判员应立即暂停比赛。由被暂停回合的发球员发球，继续比赛。

（3）当时限到时，球未处于比赛状态，应由前一回合的接发球员发球，继续比赛。

（4）此后，每个运动员都轮发 1 分球，直至该局结束。如果接发球方进行了 13 次合法还击，则判发球方失 1 分。

换发球法一经实行，该场比赛的剩余部分必须继续实行，直至该场比赛结束。

第五节 乒乓球考试内容与评分标准

一、考试内容

（1）发球。

（2）反手推挡。

（3）正手近台攻球。

（4）左推右攻。

二、考试方法与评分标准

（一）发球

将球台分成 9 个区域，每个区域有相应的分数，以发球落点区域计分，发球落在两个区域之间按高分区计分，失误为零分，受测者连续发 10 个球，得分之和为达标分（满分 100 分）占 70%，技术评定分占 30%，两者得分之和为该项目考试得分。见表 6-1。

表 6-1 发球评分标准

球网装置			
10 分	8 分	10 分	
6 分	6 分	6 分	
9 分	7 分	9 分	

（二）反手推挡

陪考者将球回击到受测者球台中线附近的反手区，受测者用反手推挡技术在 20 秒时间内将球分别推击到对方球台的左半区和右半区。球落在规定对方台区得 5 分，错区得 2 分，失误为零分。得分之和为达标分（满分 100 分）占 70%，技术评定分占 30%，两者得分之和为该项目考试得分。

（三）正手近台攻球

陪考者用推挡或攻球将球回击到受测者正手区。受测者在 15 秒的时间内用正手攻球连续回击到对方球台的右半区，再在 15 秒的时间用正手攻球连续回击到对方球台的左半区。回击球的落点在规定的对方球台区得 4 分，错区得 2 分，失误为零分。得分之和为达标分（满分 100 分）占 70%，技术评定分占 30%，两者得分之和为该项目考试得分。

（四）左推右攻

陪考者用推挡连续依次将球送到受测者球台的中线两侧。受测者在 15 秒的时间内，连续左推右攻，将球回击到对方的右半区，再用 15 秒的时间连续左推右攻，将球回击到对方球台的左半区。回击的球落点在规定的对方球台区得 4 分，错区得 2 分，失误为零分。得分之和为达标分（满分 100 分）占 70%，技术评定分占 30%，两者得分之和为该项目考试得分。

三、具体要求

（一）发球

受测者必须根据《乒乓球竞赛规则》进行合法发球。

（二）反手推挡

受测者推球的落点必须推到对方球台的左边一个、右边一个，不得连续推到一边，否则该球以错区计分。

四、评分表

技术评分参考，见表 6-2。

表 6-2 技术评分参考

等级	分值	标准
A	90～100	动作非常熟练
B	80～89	动作较熟练
C	60～79	动作基本熟练
D	40～59	动作不够熟练

第七章　羽毛球

羽毛球是一项在室内外都可以进行的小型球类运动。比赛时，一人或两人为一方，中间用网隔开，用球拍经网上往返击球，使球落到对方场地上，或使对方击球失误而得分。本章介绍羽毛球运动的主要相关知识。

第一节　羽毛球运动概述

现代羽毛球起源于印度，形成于英国伯明顿庄园。后将英国伯明顿庄园称为羽毛球运动的发源地，并将羽毛球运动命名为"Badminton"。

14～15世纪时的日本，当时的球拍为木质，球用樱桃核插上羽毛做成。据传，在14世纪末叶，日本出现了把樱桃核插上美丽的羽毛当球，两人用木板来回对打的运动。这便是羽毛球运动的雏形。

18世纪时，印度的蒲那城，出现类似今天羽毛球活动的游戏，以绒线编织成球形，上插羽毛，人手持木拍，隔网将球在空中来回对击。这种游戏流行时间不长便消失了。

现代羽毛球运动诞生在英国。1873年，英国格拉斯哥郡的伯明顿镇有一位叫鲍弗特的公爵，在庄园里进行了一次"蒲那游戏"的表演。因这项活动极富趣味性，很快就风行开来。此后，这种室内游戏迅速传遍英国，"伯明顿"（Badminton）便成为英文羽毛球的名字。

羽毛球运动约于1920年传入我国。中华人民共和国成立后，羽毛球运动得到迅速发展。20世纪70年代我国羽毛球队已跻身于世界强队之列。70年代，国际羽毛球坛是印度尼西亚与我国平分秋色。80年代，优势转向我国，说明我国羽毛球运动已达到世界先进水平。

羽毛球在1992年巴塞罗那奥运会上被列为正式比赛项目，共设男、女单打和男、女双打及混合双打5项比赛。

第二节 羽毛球基本技术

一、握拍法

羽毛球基本握拍法主要有两种，即正手握拍法和反手握拍法。

（一）正手握拍法

正确的握拍方法是先用左手拿住球拍杆，使拍面与地面垂直，然后张开右手，使手掌下部（小鱼际）靠在球拍打握柄底托，虎口对着球拍柄窄的一面，小指、无名指、中指自然地并拢，食指与中指稍稍分开，自然地弯曲并贴在球拍柄上。在击球之前，握拍一定要放松、自然，在击球的一刹那才紧握球拍。

（二）反手握拍法

一般说来，反手握拍有两种：一种是在正手握拍的基础上，把球拍框往外转，拇指伸直贴在拍柄的宽面上，食指、中指、无名指、小指并拢。另一种是正手握拍把球拍框外转，拇指贴在球拍柄的棱上，食指、中指、无名指、小指并拢。反手握拍时，手心与球柄之间要留有空隙，这样握拍有利于手腕力量和手指力量的灵活运用。

在了解了正确的握拍方法之后，应对照一下自己以前的习惯握法，如出现下面几种错误握法，应尽快加以纠正：拳握法，即一把抓；食指伸直按在拍柄上部；虎口贴在拍柄宽面；柄端露出太长。

正确的握拍看起来容易，但在实际运用中却要花一定的工夫才能掌握。因为在击球要领还未掌握时，握拍常容易走样，以致动作重新回到原来的错误习惯上去。所以，在练习击球时，要随时提醒自己，检查握拍是否正确，经过一段时间后，就会形成正确的握拍习惯。

二、发球

按球在空中飞行的弧线发球可分为高远球、平地球、平快球、网前球等；按发球动作可分为正手发球和反手发球，正手主要发高远球、平快球、网前球，反手主要发网前球和平快球。

（一）正手发球

1. 发球站位

单打发球在中线附近，站在离前发球线 1 米左右。双打发球站位可靠近前发球线。

2. 准备姿势

身体左肩侧对球网，左脚在前，右脚在后，重心在右脚上，右手持拍向右后侧举起，肘部放松微屈，左手拇指、食指和中指夹住球，举在胸腹间。发球时，身体重心由右脚移至左脚。

用正手发球，不论是发何种弧线的球，其发球前的姿势都应该一致，这样就会给对方的接发球造成判断上的困难。

3. 用正手发球动作发出四种不同弧线的球的技术动作

（1）高远球：球的运行轨迹又高又远、下落时与地面垂直、落点在对方场区底线附近的球叫高远球。单打比赛时，常采用这种发球迫使对方退到最远的底线去接发球。如果发出的高远球质量好，就可在一定程度上限制对方一些进攻技术的发挥，使对方在接高远球时不容易马上组织进攻。在对方体力不支时，发高远球也可以使对方消耗更多的体力。

发球前准备姿势。发球时，左手把球举在身体的右前方并自然放下，使球下落，右手同时持拍由大臂带动小臂，从右后方沿着身体向前并向左上方挥动。当球落到右手臂向前下方伸直能触到球的一刹那，握紧球拍，并利用手腕的力量向前上方发力击球。击球之后，球拍顺势向左上方挥动缓冲。

（2）平高球：这是一种比高远球低、速度较高远球快、具有一定攻击性的球。

发球前准备姿势同发高远球。发球的动作过程大致同发高远球，只是在击球的一刹那，小臂加速带动手腕向前上方挥动，拍面要向前上方倾斜，以向前用力为主。发平高球时要注意发出球的弧线以对方接球时伸拍打不着球的高度为宜，并应发到对方场区底线。

（3）平快球：这种球比平高球的弧线还要低、速度还要快。在对方是反应较慢、站位较前、动作幅度较大的对手或是初学者时，效果往往很好。

准备姿势亦同发高远球。站位比发平高球稍后些（防对方很快回到己方后场）充分利用前臂带动手腕爆发力向前方用力，球直接从对方的肩稍上高度越过，直攻对方后场。发平快球关键是出手的动作要小而快，但前期动作应和发高远球一致。发平快球时还应注意不要过手、过腰犯规。

（4）网前球：发网前球是在双打中主要采用的发球技术。单打比赛时，如发高球，怕遭到对方球速较快的直接攻击时；或为了主动改变发球方式借以调动对方时采用。

准备姿势同发高远球。击球时，握拍要放松，大臂动作要小，主要靠小臂带动手腕向前切送，用力要轻。发网前球时应注意手腕不能有上挑动作，另外，落点要在前发球线附近，发出的球要贴网而过，这可免遭对方扑杀。

（二）反手发球

反手发球的特点是动作小、出球快、对方不易判断。在双打比赛中多采用此发球技术。

1. 发球站位

站在前发球线后 10 ～ 50 厘米及发球区中线的附近，也可以站在前发球线及场地边线附近的地方（双打比赛中，从右场区发球时可以看到）。

2. 准备姿势

面向球网，两脚前后站立（左脚或右脚在前均可），上体稍前倾，身体重心在前脚上。右手反手握拍，左手拇指、食指和中指捏住球的二三根羽毛，球托明显朝下（避免犯规），球体与拍面平行或球托对准拍面放在拍面前方。

3. 发球动作要领

击球时，小臂带动手腕朝前横切推送。发网前球时，用力要轻，主要靠"切"送；发平快球时，发力要突然，击球时拍面要有"反压"动作。

三、击球

羽毛球各种击球技术，按其特点进行分类，概括起来可有以下几个方面：后场高空击球技术；前场网上击球技术；下手击球技术；中场击球技术。

后场高空击球也称后场上手击球，即在尽可能高的击球点上，还击对方向底线附近击来的高球。它具有主动性强、击球力量大等特点，可给对方造成较大的威胁，是初学者首先必须学好的技术。

（一）击高远球

以较高的弧线将来球击到对方场区底线附近叫击高远球。击高远球是一切上手击球动作的基础。

高远球的特点是球的弧线高、滞空时间长，它的作用是逼迫对方远离中心位置退到底线去接球，一方面可减弱对方进攻的威力，为本方进攻寻找机会，另一方面在本方被动情况下，有较多的时间来调整站位，摆脱被动局面。

上手击高远球分为正手击高远球、反手击高远球、头顶击高远球。

1. 正手击高远球

这是羽毛球上手击高远球技术中的基础。

其动作要领是：首先判断来球的方向和落点，侧身后退使球在自己右肩稍前上方的位置，左肩对网，左脚在前，右脚在后，重心在右脚上，左臂屈肘，左手自然高举，右手持拍，大小臂自然弯曲，将球拍举在右肩上方，两眼注视来球。击球时，由准备动作开始，大臂后引，随之关节上提明显高于肩部，将球拍后引至头后，自然伸腕（拳心朝上），然后在后脚蹬地、转体和腰腹的协调用力下，以肩为轴，大臂带动小臂快速向前上方甩动手腕，在手臂伸直的最高点击球。击球后，持拍手臂顺惯性往前下方挥动并收拍至体前。与此同时，左脚后撤，右脚向前迈出，身体重心由后脚移到前脚。见图 7-1。

图 7-1 正手击高远球动作

正手击高远球可以用不起跳或起跳进行击球。后者是为了争取高点击球，以赢得时间上的主动，但对步法技术和体力要求较高。因此，初学者一般先学不起跳正手击高远球。待熟练掌握后，再根据自己的特点和场上的情况综合运用这两种击球方式。

2. 反手击高远球

当对方将球击到本方左后场内，以反手将球击回对方底线去的高远球击球法称为反手击高远球。它的特点是节省体力，对步法要求也不高。在被动情况下，可采用反手击高远球过渡，帮助自己重新调整站位。见图 7-2。

图7-2 反手击高远球

其动作要领是：首先判断准对方来球的方向和落点，迅速将身体转向左后方，步法到位后，右脚前交叉跨到左侧底线，背对网，身体重心在右脚上，使球在身体的右肩上方。击球前，由正手握拍迅速换为反手握拍，并持拍于胸前，拍面朝上。击球时，以大臂带动小臂，通过手腕的闪动、自上而下的甩臂将球击出。在最后用力时，要注意拇指的侧压力与甩腕的配合，同时要利用两腿的蹬地、转体等协调全身用力。

初学者用反手击高远球时，往往容易出现步子不到位，击球点掌握不好；击球时，未用拇指的侧压力；击球刹那用力过早或过迟，没有用在"点"上等等错误。要通过反复的练习和体会才能逐渐掌握正确的击球动作。

3. 头顶击高远球

在自己的左后场区，用正手在头顶中间部位或在左肩上方将来球击到对方底线去的高远球击球法称为头顶击高远球。这种击球动作是我国运动员对羽毛球技术发展的一项贡献。它较反手击球主动性强，具有更大的攻击性，初学者应努力学好头顶击高远球技术。

其动作要领是：击球前的准备姿势以及击球动作同正手击高远球基本一致。不同的是头顶击高远球的击球点在左肩上方（因为球是飞向左后角的）。准备击球时，侧身（左肩对网）稍左后仰。击球时，大臂带动小臂使球绕过头顶，从左上方向前加速挥动，在用力击球时，注意发挥手腕的爆发力和充分利用蹬地以及收腹的力量。击球后，左脚在身后着地并立即回蹬，同时右脚前移，重心移至右脚。

（二）击平高球

平高球的弧线较高远球低、速度较高远球快。这是一种在较主动情况下运用的击球技术。在实践中，质量较高的平高球常可以调动对方的站位，使其失去身体平衡、回球质量差，从而为本方更有力的进攻创造机会。在与基本技术较差、步法较慢的对手对阵时，一个突然的高远球往往会使对方后退不及而失分。

其动作要领同击高远球一样，只是在击球的一刹那，用力主要是向前方，使击出的球的弧线较低。

同击高远球一样，平高球也可以用正手、反手或头顶击球技术来完成。其动作要领与正手、反手或头顶高远球一样，不同处是最后用力主要向前方，而不是向前上方。由于平高球弧线不高，如果使用不当，易被对方拦截。所以，在实战中不管用哪种方法击平高球都应注意：如果是打直线平高球，则弧线可低些；若打斜线，则要高些；当对方在网前被动挑高球后，由于回场步法调整一般较慢，这时，用较低弧线的平高球去袭击其后场，往往可以获得很好的效果。

（三）吊球

把对方击来的后场高球还击到对方的网前区的击球法谓之吊球。它的作用是调动对方站位，以利步法组织进攻。在后场若将吊球与高球或杀球结合起来运用，就能给对方以很大的威胁。见图 7-3。

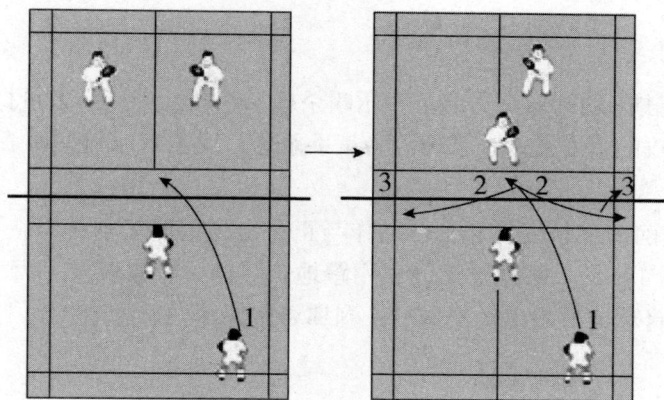

图 7-3　吊球动作

吊球可以用正手、反手或头顶击球技术来完成。对于初学者来说，首先要学好正手吊球技术，然后再学头顶吊球及反手吊球。吊球按球在空中飞行的弧线和击球动作的不同可分为劈吊（快吊）和轻吊（拦截吊）两种。但不论哪种吊球，其击球前的准备动作应与击高远球一样，也保持动作的一致性，使对方不易判断本方打出的是什么球。

下面分别介绍正手、反手和头顶吊球的技术动作。

1. 正手吊球

劈吊（快吊）击球前期动作同正手击高远球。击球时，拍面正面向内倾斜，手腕做快速切削下压动作。若劈吊斜线球，则球拍切削球托的右侧，并向左下方发力；若劈吊直线球，则拍面正对前方，向前下方切削。

轻吊（拦截吊）击球前期动作同正手击高远球。击球时，一种轻吊时的拍面变化同劈吊基本一致，但用力要更轻些；另一种是击球时，拍面正击球托或借助于来球的反弹力用球拍轻挡，使球过网后贴网而下。后者多用于拦截对方击来的平高球和半场高球。

2. 反手吊球

反手吊球其击球前的动作同反手击高远球，不同处也在于触球时拍面的掌握和力量运用。吊直线球时，用球拍反面切削球托的后中部，向对方右网前发力；吊斜线球时，用球拍反面切削球托的左侧，朝对方左网前发力。

3. 头顶吊球

头顶吊球也可作劈吊和轻吊。其击球前的动作同头顶击高远球一样。不同的是球拍触球时拍面变化和力量的运用。吊直线球的动作同正手吊直线球基本一致，只是击球点不同；吊斜线球时，球拍正面向外转，切削球托的左侧，朝右前下方发力。

（四）杀球

把对方击来的高球全力向下扣压叫杀球。杀球的特点是力量打、速度快。它是主动进攻的重要技术。杀球分为正手杀球、反手杀球和头顶杀球。

1. 正手杀球

其击球前的准备姿势和击球动作与正手击高远球基本一样。不同的是最后用力的方向朝下，而且要充分利用蹬地、转体、收腹以及手臂和手腕的爆发力全力地将球向下击出，击球的一刹那要紧握球拍。见图7-4。

图 7-4 正手杀球动作

2. 反手杀球

其准备姿势和击球动作与反手击高球一样。但最后用力的方向朝下，而且要加快手臂和手腕朝下的闪动。击球点应尽可能高些、前些，这样便于力量的发挥。

反手杀球虽然力量不大，但有其突发性。一般在实战中，趁对方不备，偶尔用反手杀球（因反手杀球威胁不大，对方思想放松）也会收到出奇制胜的效果。

3. 头顶杀球

准备姿势和击球动作与头顶击高球一样。不同的是击球时要充分利用腰腹力量，以大小臂带动手腕快速下扣。头顶杀球是一种重要的进攻性技术，也是我国运动员在左后场区进攻的主要手段。它弥补了反手击球力量不足的弱点。初学者如能掌握头顶扣杀技术，便会使对方难以应付。

不管用哪种动作杀球均可作重杀、轻杀、长杀、深杀、直线扣杀、斜线扣杀。重杀时要全力扣压；轻杀时用力介于重杀和劈吊之间；长杀是将球杀向对方场区底线附近；深杀落点在中场附近。总之，只要通过手腕和手指控制拍面、倾斜角度、用力方向和大小，就可扣杀出不同的球来。

四、前场网上击球

网上击球是调动对方、寻找战机的重要手段，并可直接得分。因它的技术动作轻松而细巧，运用力量要求控制适度，所以在学习网上击球时，除了要注意动作规范之外，还应细心体会击球时手腕、手指的细小感觉。

其动作要领是：侧身对网，右脚跨步称弓箭步，左脚在后自然拉开，上体略有前倾，右手持拍前伸约与肩平，肘关节微曲。注意握拍要放松。

网上击球有搓球、放网前球、勾对角球、推球、扑球。

（一）搓球

击球前准备姿势同上。击球时，拍面稍前倾，利用手腕和手指的力量向前"切削"球托底部或向后"提拉"，使球击出后旋转或滚动过网。搓球一般在对方来球较靠近网上时运用。正反手搓球除握拍不同外，其他要领相同。见图 7-5。

图 7-5 搓球动作

（二）放网前球

准备姿势同上。击球时，拍面稍朝前下方倾斜，前臂带动手腕和手指用前送动作击球托底部。正反手搓球除握拍不同外，其他要领相同。

（三）勾对角球

在网前把来球回击到对角线网前叫勾对角球。准备姿势同上。击球时，拍面斜向对方右（左）网前。正手勾对角球时击球托的右侧，手腕和手指带动球拍向左内勾动；反手勾对角球时，击球托的左侧，同时向右内勾动。

（四）推球

在网上将来球用较平的弧线快速推到对方场区底线叫推球。准备姿势同上。击球时拍面前倾几乎与网平行。利用前臂带动手腕和手指的快速"闪动"将球击出。正手推球多用食指力量，反手推球多用拇指的力量。

（五）扑球

在网上把高于网的来球迅速扑压下去叫扑球。击球时，拍面前倾，前臂带动手腕和手指的快速闪动发力，击球后立即收拍，以免触网犯规。扑球时要求判断准、上步快、抢点高、动作小。正手、反手均可。

五、下手击球

下手击球一般是在防守时采用的击球技术。它虽然不像上手击球那样具有进攻性威胁，但如运用得当，往往也能起到守中有攻的效用。因此，对下手击球技术，不论是有较高水平的运动员还是初学者，都应引起重视。特别是初学者，往往重攻而轻守，这样就会影响技术的全面掌握和提高。

下手击球有底线抽球、挑球、接杀球。

（一）底线抽球

底线抽球主要是为了对付长杀球、平推球或对方突然回击的平高球使自己较被动地退到底线去接球时采用的一种击球技术。它可以分正手和反手两种抽球。

1. 正手底线抽球

移动时，右脚先向右后场区迈一小步，身体随之转向右后方，左脚用并步或交叉步向右后场移动一步，右脚再向右后场跨一大步并成弓箭步，重心在右脚上。在移动的同时，持拍臂往右后方拉，拍面稍后仰。击球时，以躯干为竖轴，作半圆式挥拍击球。

2. 反手底线抽球

移动时，右脚先向左脚靠一小步，然后左脚向左后场跨一步，右脚向左后场跨一大步，身体重心在右脚上。击球前背朝网，大臂往左后方拉，利用大臂带动小臂及手腕左后方前上方发力并利用蹬地、转腰的力量将球击出。反手底线抽球多在单打被动时或双打比赛中运用。

（二）挑球

把对方来的吊球或网前球还击到对方后场去叫挑球。它是在被动情况下为了争取回场时间而采取的一种过渡性质的击球。它虽然不能给对方造成威胁，但如果能将球挑得高、挑得远（靠近对方场地底线），就能为自己回到场地中心位置赢得时间。见图 7-6。

图 7-6 挑球动作

其动作要领是：不论是正手挑球还是反手挑球，最后一步应是右脚在前。正手挑球时，以肘关节为轴，伸拍向前并以前臂带动手腕由下向上挥动。反手挑球时，以反手握拍法握拍，击球时，肘关节稍抬高，并以肘关节为轴，前臂带动手腕由下向上挥动。

挑球时应注意，如来球离网较远，拍面可稍前倾向前上方用力击球；如来球较近网，拍面应接近向上，击球时要有向上的"提拉"，以免挑球不过网。

（三）接杀球

把对方杀过来的球还击到对方场区去叫接杀球。接杀球看起来很被动，但当对方杀球质量不高时，接杀球如处理得当，就会为本方创造转守为攻的机会或直接还击得分。

1. 接杀近身球

所谓接杀近身球即对方杀球的落点离身体不远，不需移动脚步而在原地即可进行还击。击球时，主要依靠前臂、手腕的发力。用力大小和拍面变化要根据对方杀球的力量大小和本方回击的不同落点而变化。一般来说，回击网前球时，用力要轻，主要依靠对方来球的反弹力，拍面正对网稍后仰，球拍触球时可做"切削"或"提拉"缓冲来球力量；回击后场球时，前臂和手腕用力要大些，要有抽击动作；当对方杀球质量较差时，可用推后场还击，其用力以手腕为主向前稍上方"甩"腕。

2. 接杀远身球

接杀远身球即对方杀球的落点离身体较远，需移动脚步进行还击。击球时，两脚急速蹬伸同时转髋，采用两侧移步法至击球位置，上体侧向击球点，同时右手侧伸，以前臂、手腕的闪动发力击球。接杀远身球回击网前或后场球时的用力及拍面变化相似接杀近身球。

六、中场平击球

中场平击球技术主要是对付对方击来的弧线平于或稍低于网，且落点在中场附近的低平球时所采取的回击技术。在双打比赛中多采用这种技术。它的击球点在与肩同高处或在肩腰之间。因为来球的速度较快、弧线较平，所以击出的球速也较快、较平，因而中场平击球也是一种对攻的技术。它有正手、反手中场平抽球，半蹲式中场平击球两种。

（一）正手、反手中场平抽球

正手、反手中场平抽球主要是对付对方来球中离身体较远的平球。人站位于中心附近，两脚左右开立，面对球网，两膝微屈，右手持拍于体前。击球时，判断准来球并向右（左）侧横跨一步，同时挥拍依靠前臂和手腕的闪动发力击球。正手平抽球时，多用食指的力量向前发力；反手平抽球时，多用拇指的反压力朝前发力。此外，不论是正手还是反手中场平抽球，其击球点都应争取在身体侧前方，这更便于手臂的发力。见图7-7。

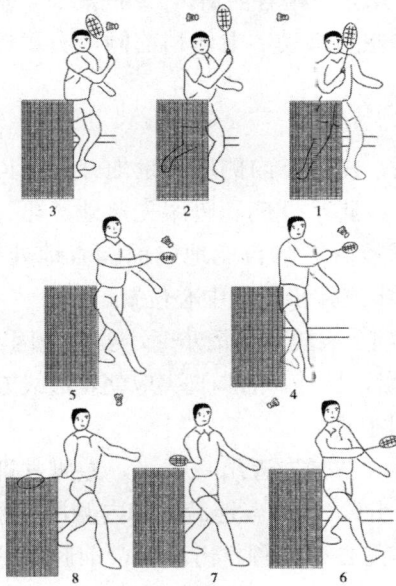

图 7-7 正、反手中场平抽球

（二）半蹲式中场平击球

半蹲式中场平击球主要运用在双打比赛中，这是进行对攻的一种击球技术。这种技术是将对方击来的位于肩部或面部附近的球，在半蹲姿势下还击回去。击球时，看准来球，迅速取半蹲姿势，同时举拍在正面或头顶等位置以前臂带动手腕快速闪动挥拍击球。

七、步法

初学者在学习和掌握发球和原地击高远球技术之后就应该学习一些步法了。因为羽毛球的步法和手法（即各种击球法）是相辅相成、不可分割的。许多击球技术都是靠熟练、快速、准确的步子移动来完成的。不掌握正确的步法，就会影响各种击球手法的学习和掌握，而在比赛中如没有到位的步子，就会使手法失去应有的积极作用。主要的步法有上网步法、后退步法、两侧移动步法、起跳腾空突击步法。

（一）上网步法

上网步法包括跨步上网、垫步或交叉步上网、蹬跳上网。

不论用哪种步法上网，其上网前的站位及准备姿势都是一样的。即站位取中心位置，两脚左右开立（稍有前后），约同肩宽，两膝微屈，两脚前脚掌着地，后脚跟稍提起并左右微动；上体稍前倾，右手持拍于体前，两眼注视对方的来球。

1. 跨步上网

判断准对方来球后，左脚掌内侧用力蹬地并侧身向来球方向迈出，接着右脚也向前迈一大步，以脚掌外侧和脚跟先落地，再过渡到前脚掌，右膝关节弯曲并成弓箭步。紧接着左脚自然地向前脚着地处靠上小半步。击球后，右脚蹬地用小步、交叉步或并步回到中心位置。

跨步上网时注意事项：右腿成弓箭步时，要防止因上网前冲力过大使重心越过右腿而失去身体平衡，另外，前脚脚尖应朝着边线方向，而不应朝向内侧。

2. 垫步或交叉步上网

判断准对方来球后，右脚先迈出一小步，左脚立即向右脚垫一小步（或从右脚后交叉迈出一小步），左脚着地后，脚内侧用力蹬地，右脚再向网前跨一大步成弓箭步，身体重心在前脚。击球后，前脚朝后蹬地，小步、交叉步或并步退回到中心位置。

垫步或交叉步上网的优点：步子调整能力强，在被动情况下，能利用蹬力强、速度快的特点迅速调整脚步，去迎击来球，垫步或交叉步上网的注意事项同跨步上网。

3. 蹬跳上网

蹬跳上网是在预先判断来球的基础上，利用脚的蹬地，迅速扑向球网，以争取在球刚越过网时立即进行还击。单打或的双打中常用此步法上网扑球。其步法是站位稍靠前，对方一有打网前球的意图后，右脚稍向前刚一点地便起蹬侧身扑向网前。击球后应立即退回中心位置。蹬跳上网既要快，又要防止因前冲力过大而触网或过中线犯规。

（二）后退步法

后退步法有右后场区后退步法和左后场区后退步法。右后场区后退步法主要是正手的后退步法；左后场区后退步法包括头顶后退步法和反手后退步法。不论是哪种后退步法，其移动前的准备动作和站位皆同上网步法。

1. 正手后退步法

正手后退步法有并步和交叉步两种。实战中可根据场上情况和个人特点灵活使用。

判断准来球后，先调整重心至右脚，然后右脚蹬地迅速向右后撤一小步，同时上体右转，左肩对网，接着，左脚用并步靠近右脚（或从右脚交叉后撤一步），右脚再向后移至来球位置。在移动的同时，必须完成挥拍击球前预备动作，待球在右肩上方下落时，作正手原地或起跳击球。击球后，身体重心随右脚前移迅速用小步或并步回到中心位置。

2. 头顶后退步法

头顶后退步法是对方来球向左后场区，用头顶击球技术还击时所采用的后退步法。头顶后退步法也可用并步或交叉步移动后退。

判断准来球后，右脚蹬地撤向左后方，同时，髋关节及上体向右后方转动（转动的幅度比正手后退步法要大些），且稍有后仰。接着，左脚用并步或交叉步后撤，右脚再退至来球位置用头顶击球技术击球。击球后，迅速回到中心位置。

3. 反手后退步法

反手后退时，应根据离球的远近来调整移动步子。

如离球较近，可采用两步后退步法。一种是左脚先向左后方撤一步，接着，上体左转，右脚向左后方跨一步，背对网。另一种是右脚先向左脚并一步，然后，左脚向左后方跨一步，同时上体左转，右肩对网作反手击球。如离球较远，则要采取三步或五步后退步法。三步后退时，右脚先向左脚并一步，左脚再向左后方撤一步，同时上体左转，右脚再向左后方跨一步至来球位置，背对球网，作反手击球。如三步移动还未到来球位置，则左脚、右脚再向后移动一步即成五步移动步法。

（三）两侧移动步法

两侧移动步法多用于解对方的扣杀球和打来的半场低平球。其移动前的准备姿势及站位基本同上网步法。

1. 向右移动步法

判断准来球后，上体稍倾倒向左侧，用左脚掌内侧用力蹬地，右脚同时向右侧跨大步，髋关节随之右转、上体稍倾倒向右侧，重心在右脚上。若距来球较近，可采用上述动作；若距来球较远，则需左脚先向右脚垫一小步再起蹬，右脚同时向右侧跨大步。

2. 向左移动步法

判断准来球后，上体稍倾倒向右侧，用右脚掌内侧用力蹬地，左脚随髋关节的转动同时向左侧跨大步。若来球较远，左脚先向左侧移一小步，紧接着右脚往左侧方向起蹬并转身，向左跨大步。

（四）起跳腾空突击步法

起跳腾空突击步法主要运用于向左、右两侧稍后的位置移动，突然起跳拦截对方击来的弧线较低的平高球。它的特点是起动快、动作突然，常在对方尚未站稳之际，给其以袭击，使对方防不胜防。

当判断准来球飞向右侧底线且弧线较低时，右脚先向右后跨一步，接着左脚向右侧后蹬地，右脚起跳，身体向右侧后方跃起，截住来球，用正手击球技术扣杀或劈吊对方空当。当来球飞向左侧底线时，用右脚掌蹬地，左脚起跳，用特点击球技术突击对方。

在运用起跳腾空突击步法时应注意：击球后落地时，要控制好身体平衡，并立即回到中心位置。

对上述羽毛球步法中最基本的几种步法，初学者在平时的练习和比赛中，应按照要求去体会和掌握，并应该在比赛中不断地摸索这些步子移动的规律，以适应比赛中瞬息万变的情况。

下面介绍的步子移动中具有规律性的一些问题，对更好地去运用步法有很大的帮助。

1. 站位

不论是单打还是双打，在步子移动前应该选择一个有利的站位，这既有利于向各个方向运动去迎击来球，又可使对方不易找到攻击的空当。在一般情况下，上网步法或后退步法，其移动前的站位应有所变化。例如：本方网前技术较好，但后退步法较慢，其站位要适当偏后。以平高球控制了对方后场之后，对方被动地回一网前球，这时本方站位应偏前，准备迎击网前球。

当在网前搓出既旋转又贴网的近网球时，站位可靠前些，因对方一步不可能回出有较大威胁的球；即使对方打后场球时，也只能被动挑高球（因本方搓球的质量很高），这时，本方有充裕的时间从网前回到后场。总之，步子移动前站位的选择不是固定不变的，合理、适当的站位常能使自己把握场上的主动权。

2. 站法

站法与双方的打法特点、来球的落点有密切的关系。一般的站法有两种：一是前后站，即右脚稍前或左脚稍前；二是平行站。防守或接两侧来球，多采用平行站法。上网或后退时，多采用前后站法。这两种站法各有利弊，但可以根据情况不断地变换站法。

3. 起动

起动是各种步子移动的前提，只有起动快，才能迅速到位。这不但能取得较高的击球点，争取时间的主动，还能更好地完成各种击球动作。

要做到起动快，应该注意以下要点：准备时，两脚不能站实（即以全脚掌着地），否则不利于蹬地起动，而应稍提脚跟，并使两脚保持微动。在起动前应提高预判能力，即根据对方击球的习惯动作，提前判断来球的方向，以便及早做好起动的准备。这一点对于初学者来讲往往是不容易的。但只要在平时的练习和比赛中细心观察、分析对手的击球特点和习惯动作，就会为预判提供依据。这也是一种心理训练。在学习打羽毛球的初级阶段，如能将这种心理训练很好地和技术、战术训练结合起来，就能很快地提高水平。

4. 回动

所谓回动，就是在接球后，立即回到适当的位置（原则上是中心位置），准备接下一个来球。如不善于立即回动，则极易暴露自己的空当而遭到对方的攻击。在后场吊对方网前球后，匆忙地朝前场跑；在前场放了网前球后盲目往后退，这些都是回动不当的表现。要解决这些问题，首先要增强回动意识，每击完一球后，不停留在原地，也不盲目前后跑动，而是积极调整步子，原则上回到中心位置；其次是在上网时要保持身体平衡，充分利用右脚的回蹬回动；第三，后退时，最后一步重心要在右腿上，击完球后，身体重心应随右脚前移，上体前压，协助回动；第四，不论是上网、后退，还是两侧移动，如出现脚步混乱，则应立即以小步尽快调整正常步子。

第三节 羽毛球基本战术

一、单打战术

一个球员掌握的技术越全面、熟练、正确和实用，那么他的战术的运用和实现也就越有保证。因此，战术必须建立在熟练和正确掌握一定数量和质量的技术动作的前提下，伺机在一定的时间和空间条件下，合理地、灵活地组合运用才能构成。

所以，就技术和战术的关系而言，技术是战术的基础，是组成战术必不可少的基本要素。先进的技术必然促进战术的发展和变化。而战术的不断变化和发展，同样也反过来促进技术的更新与发展。它们之间存在着相互联系、互为影响、共同发展的辩证关系。

（一）控后突前战术

采用后场的高远球和平高球，网前的推球和挑球等技术，重复压对方后场两角，造成对方被动，然后伺机采用杀球、吊球、搓球、勾对角球等技术攻击对方空当。此战术用来对付后场技战术进攻能力相对较弱者和后退步法慢或击球后急于上网的球员较为有效。

（二）控制网前抢点突击战术

通过运用各种技术主动抢先放网，或迫使对方先放网后再凭借自己良好的网前手法，灵活运用搓、推、勾技术，造成对方网前直接失误，或抓住其被动击球的有利时机进行中后场的杀、劈、吊和网前的扑球得分。

（三）拉开突击战术

先以快速而准确的落点控制对方场区四个角落，迫使对方前后左右地来回奔跑，当对方来不及回中心位置或身体失去平衡时，抓住空当和其弱点进行突击。这种战术通常用来对付步法移动较慢、灵活性和体力较差的球员。

（四）发球抢攻战术

以发网前球或平快球为主，限制对方进攻，迫使对方出高球。然后运用杀球和吊球攻击对方的弱点或空当。发球抢攻战术主要用于对付防守技能较差或后场进攻技能相对较强的对手，从而为自己创造更多的进攻机会。

（五）对角线球路战术

无论在进攻或防守，前场或后场，都是以打对角线球路为主，从而迫使对方球员在移动中多做转体，多走曲线。它主要用来对付场上灵活性较差、转体较慢的球员。

（六）重复球战术

通过自身出球的节奏变化和良好的击球动作一致性，针对对方队员的某一个技术薄弱点，或利用击球后回中心位置较快的特点，重复地将球攻击到对方场上的某一区域。如运用"重复压后场"战术来对付后场移动较慢或技术相对较差的对手；运用"重复压头顶"来攻击对方反手区的薄弱还击；运用"重复放网"来控制网前击球后习惯后退较多，缺乏封网意识的对手。

二、双打战术

（一）接发球战术

接发球虽然受发球方的牵制，属于被动等待，但由于规则对发球作了击球点不能过腰、球拍上沿须明显低于手、动作必须连续向前挥动（不许做假动作）、不能迟迟不发球等等诸多限制，使发球者发出的球不能具有太大的威胁。接发球方如果判断准确，启动快、还击及时，就能在对方发球质量稍差时杀、扑得手或取得主动；反之，也会接发球失误或还击不利使自己陷入被动。

1. 接发内角位网前球

以扑或轻压对方两边中场及发球者身体为主要攻击点，配合网前搓、勾等其他线路。

2. 接发外角位网前球

除了以上打的点外，还可以平推对方底线两角以调动对方一名队员至边角，扩大对方另一队员的防守范围。

3. 接发内角、外角位后场球

应以发球者为攻击点，力争扣杀追身球。如启动慢了，可用平高球打到对方底线两角。一般发球者在后场球发出后，后退准备接杀的情况居多，这时可用拦截吊球，落点可选择在发球者的对角。

（二）后攻前封战术

后场队员积极大力扣杀创造机会，在对方接杀放网、挑高球或企图反击抽球时，前场队员以扑、搓、勾、推控制网前，或拦截吊、点封住前半场，使整个进攻连贯而又有节奏变化，使对方防不胜防。

（三）攻中路战术

1. 守方左右站位时把球打在两人的中间

这种战术可以造成守方两人抢接一球或同时让球，彼此难于协调；限制对手在接杀球时挑大角度高球调动攻方；有利于攻方的封网，由于打对方中路，对方回球的角度也小，网前队员封网的难度就小了。

2. 守方前后站位时把球下压或轻推在边线半场处

这种战术多半是在接发网前球和守中反攻抢网时运用。这种球守方前场队员拦截不到，后场队员又只能下手击球放网或挑高球，后场两角便会露出很大空当，因而有隙可乘，攻击他的空当或身体位。

（四）攻人战术

这是双打中常用的一种战术，就是以人为攻击目标。对付两名技术水平高低不一的对手时，一般都采用这种战术。对付两名队员实力相当也可采用这一战术。它几种攻势于对方一名队员，常能起到"集中优势兵力打歼灭战"的作用；在另一队员过来协助时，又会暴露出空当，可在其仓促接应、立足不稳时偷袭他。

（五）攻后场战术

这种战术常用来对付后场扣杀能力较差的对手，把对方弱者调动到后场后也可以使用。此战术多采用平高球、平推球、挑底线把对方一人紧逼在底线，使其在底线两角移动击球，在其还击出半场高球或网前高球时即可大力扣杀，取得该球的胜利或主动。如在逼底线两角时对方同伴后退支援，则可攻击网前空当或打后退者的追身球。

（六）防守战术

1. 调整站位

为了摆脱被动，伺机转入反攻，首先要调整好防守时的站位。如果是网前挑高球，那么击球者应该直线后退，切忌对角后退。直线后退路线短、站位快，对角后退路线长，也容易被对方打追身球。另一名队员应根据同伴移动后的情况补到空当位。双打防守时的站位调整，都是一名队员在跑动击球时，另一名队员根据同伴的移动情况填补空当。

2. 防守球路

其一，攻方杀球者和封网队员在半边场前后一条直线上，接杀球应打到另半边前场或后场。

其二，攻方杀球者和封网者在前后对角位上，接杀球可还击到杀球者的网前或封网者的后场。

其三，攻方杀球者杀对角后，另一名队员想要退到后场去助攻时，接杀球可以还击到网前中路或直线网前。

其四，把攻方杀来的直线球挑对角，杀来的对角球挑直线以调动杀球者。

关于防守的方法还有许多，但目的都是为了破坏攻方的进攻节奏和进攻的势头，在攻方进攻势头一减时即可平抽或蹲挡，若攻方站位混乱出现空当时，守方即可抓住战机转守为攻取得主动。

（七）发球战术

由于双打的后发球线比单打短，在双打中若发高远球，接发球方可以大力扣杀，直接争取主动，同时又较少有后顾之忧。因此，站位往往压在靠近前发球线处，对发球者造成很大的心理上和技术上的威胁。所以，发球质量、路线的配合、弧线的制造、落点的变化对整个双打比赛的胜负意义极其重大。可以毫不夸张地说，比赛的双方若水平差不多则胜负取决于发球质量。

1. 发球站位

发球的站位不同，对发球的飞行路线、弧线、落点和第三拍的击球都有关系。

（1）发球者紧靠前发球线和中线。这种站位始于反手发网前内角，球过网后球托向下，不易被对方扑击。由于站位靠前，也便于第三拍封网。但站位靠前不利于发平快球，一般是发往前内角位球配合发双打后发球线的外角位平高球。

（2）发球者站位离前发球线半米，靠中线。这种站位发球的选择面较广，正、反手都可发网前球、平快球、平高球，并且各种路线都可以发。缺点是球的飞行时间长，对方有较多时间判断处理，发球后如果抢网较慢也容易失去网前主动权。

（3）发球者站在离中线较远处。这种站位主要用于在右场区以正手和左场区以反手发平快球攻对方双打后发球线的内角位，配合发网前外角。值得一提的是，这种发球只能作为一种变换手段。因为这种发球只对反应慢、攻击力差的对手有一定威胁，但对方有准备时作用就不大了，而且会使自己陷入被动。

2. 发球路线

发球路线和落点的选择需注意如下几点：

（1）调动对方站位，破坏对方打法。如对方甲、乙两名队员站成甲在后、乙在前的进攻队形，在发球给乙时可以后场为主结合网前，而发球给甲时却要以发网前为主结合后场，这样，从发球起就阻挠了对方调整站位。

（2）避实就虚，抓住对方弱点发球抢攻。首先要看接发球者的站位，如果他紧压网前站在网前内角位，可用发网前与后场动作的一致性发球到对方后场外角位；如对方离中线较远，则可发平快球突袭后场内角位；对接发球路线呆板、变化少的，可针对这种情况发球后抢封角度突击。

（3）发球要有变化。发球时，网前要和后场配合，网前的内角、外角，底线的内角、外角位的配合，使对方首尾难于兼顾，多点设防，疲于应付；在发球的弧线上也要有变化。这样，接球方就难以摸到发球方的规律了。

3. 发球时间的变化

接发球方在准备接发球时，思想虽然高度集中，但因受到发球方的牵制，要等球发出后才能判断、启动、还击。所以，发球动作的快慢也应在规则允许的范围内有所变化，不要让接球方掌握规律。

4. 发球时心理的影响

在双打比赛中，有时会出现发球失常。其原因，一个是发球技术不过硬；二是受接发球者的影响。由于接球者站位逼前，扑、杀凶狠且命中率较高，加之比分正处于关键时，心情紧张，造成手软从而影响了发球质量。遇到这种情况，首先要沉住气，观察接发球者的动向，心理意图，接发球的路线和规律，提高发球质量，增强还击第三拍的信心。另外，发球的路线要善变且无规律，真真假假、虚虚实实，这样就会减少不必要的顾虑，发球质量也会稳定下来。

第四节 羽毛球比赛规则

一、羽毛球场地、器材

（一）羽毛球场地

羽毛球场为长方形，各条线宽均为 4 厘米，场地上空 12 米以内和四周 4 米以内不应有障碍物。球场中央网高 1.524 米，双打边线处网高 1.55 米。见图 7-8。

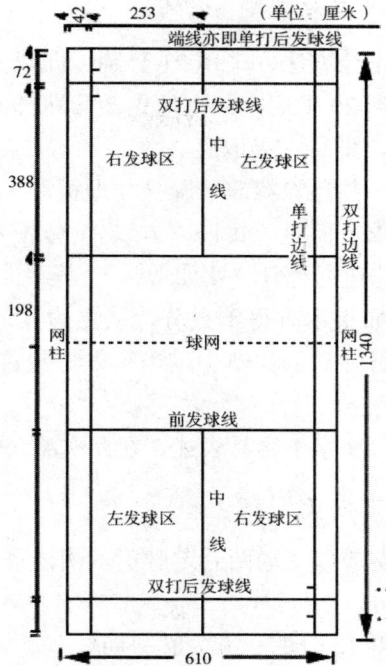

图 7-8 羽毛球场地

羽毛球场为一长方形场地，长度为 13.40 米，双打场地宽为 6.10 米，单打场地宽为 5.18 米。球场上各条线宽均为 4 厘米，丈量时要从线的外沿算起。球场界限最好用白色、黄色或其他易于识别的颜色画出。按国际比赛规定，整个球场上空空间最低为 9 米，在这个高度以内，不得有任何横梁或其他障碍物，球场四周 2 米以内不得有任何障碍物。并列的两个球场之间，最少应有 2 米的距离。球场四周的墙壁最好为深色，不能有风。

（二）器材

球重 4.74 克～5.5 克，由 16 根羽毛插在半球形软木托上，球高 68～78 毫米，直径 58～68 毫米，分为 1～10 号。球拍框总长度不超过 68 厘米，宽不超过 23 厘米，拍弦面长不超过 28 厘米、宽不超过 22 厘米。

二、羽毛球比赛方法及主要规则简介

（一）比赛的项目

男子单打、女子单打、男子双打、女子双打、混合双打、男子团体、女子团体。

（二）比赛的计分方法及规则（新制）

类似曾经的乒乓球记分方法，采用 21 分制，即双方分数先达 21 分者胜，三局两胜。每局双方打到 20 平后，一方领先 2 分即算该局获胜；若双方打成 29 平后，一方领先 1 分，即算该局取胜。

新制度中每球得分，并且除特殊情况（如地板湿了，球打坏了），球员不可再提出中断比赛的要求。但是，每局一方以 11 分领先时，比赛进行 1 分钟的技术暂停，让比赛双方进行擦汗、喝水等。

得分方有发球权，如果本方得单数分，从左边发球；得双数分，从右边发球。在第三局或只进行一局的比赛中，当一方分数首先达到 11 分时，双方交换场区。

双打规则修改较多，文字不容易表述，在此省略。

（三）比赛的计分方法（旧制）

除非另有商定，比赛应以三局两胜定胜负，团体赛多采用五盘三胜制。

只有发球方才能得分。

双打和男子单打先得 15 分的一方为胜一局。

女子单打先得 11 分的一方胜一局。

双打和男子单打，13 平或 14 平（女子单打 9 平或 10 平）时，先获 13 分或 14 分（女子单打先获 9 分或 10 分）的一方，可以选择"再赛"或"不再赛"。这一选择只能在规定分数第一次出现，下一次发球发出之前做出。13 平（女子单打 9 平）时不选择"再赛"，在 14 平（女子单打 10 平）时先获 14 分（女子单打 10 分）者仍可选择"再赛"。

选择"再赛"后从"0 比 0"开始报分，先获"再赛"分数的一方胜该局。

13 平再赛到一方先到 5 分。14 平再赛到一方先到 3 分。9 平再赛到一方先到 3 分。10 平再赛到一方先到 2 分。

在下一局开始由上一局的胜方先发球。

（四）比赛中的站位

1. 单打

（1）发球员的分数为 0 或双数时，双方运动员均应在各自的右发球区发球或接发球。

（2）发球员的分数为单数时，双方运动员均应在各自的左发球区发球或接发球。

（3）如"再赛"，发球员应以该局的总的分数来确定站位。若总分为 15

分（单数），双方运动员均应在各自的左发球区发球或接发球；若总分为 16 分（双数），双方运动员均应在各自的右发球区发球或接发球。

（4）球发出后，双方运动员就不再受发球区的限制而自由击到对方场区的任何位置，运动员的站位也可以在本方场区的界内或界外。

2. 双打

（1）一局比赛开始和获得发球局的一方，都应从右发球区开始发球。

（2）只有接发球员才能接发球；如果他的同伴去接球或被球触及，发球方得一分。

每局开始首先发球的运动员，在该局本方得分为 0 或双数时，都必须在右发球区发球或接发球；得分为单数时，则应在左发球区发球或接发球。

每局开始首先接发球的运动员，在该局本方得分为 0 或双数时，都必须在右发球区接发球或发球；得分为单数时，则应在左发球区接发球或发球。

上述两条相反形式的站位适用于他们的同伴。

（3）任何一局的本方发球员失去发球权后，由该局首先发球员发球，然后首先发球员的同伴发球，接着由他们的对手之一发球，然后再有另一对手发球，如此传递发球权。

（4）运动员不得有发球错误和接发球的错误，或在同一局比赛中有两次发球。

（5）一局胜方的任一运动员可在下一局先发球，负方中任一运动员可先接发球。

（6）球发出后就不再受发球区的限制了。运动员可在本方场区自由站位和将球击到对方场区的任何位置。

（五）比赛规则

1. 交换场区

（1）以下情况运动员应交换场区：

第一局结束。

第三局开始。

第三局中或只进行一局的比赛进行至一方达到 11 分时。

（2）运动员未按以上规则交换场区，一经发现立即交换，已得分数有效。

2. 合法发球

（1）发球时任何一方都不允许非法延误发球。

（2）发球员和接发球员都必须站在斜对角线发球区内发球和接发球，脚不能触及发球区的界限；两脚都必须有一部分与地面接触，不得移动，直至将球发出。

（3）发球员的球拍必须先击中球托，与此同时整个球必须低于发球员的腰部。

（4）击球瞬间球杆应指向下方，从而使整个球拍框明显低于发球员的整个握拍手部。

（5）发球开始后，发球员的球拍必须连续向前挥动，直至将球发出。

（6）发出的球必须向上飞行过网，如果不受拦截，应落入接发球员的发球区。

3. 羽毛球的违例

（1）发球不合法违例。

（2）发球员发球时未击中球。

（3）发球时，球过网后挂在网上或停在网顶。

（4）比赛时：球落在球场边线外；球从网孔或从网下穿过；球不过网；球碰屋顶、天花板或四周墙壁；球碰到运动员的身体或衣服；球碰到场地外其他人或物体（由于建筑物的结构问题，必要时地方羽毛球组织可以制定羽毛球触及建筑物的临时规定，但其国家组织有否决权）。

（5）比赛时，球拍或球的最初接触点不在击球者网的这一方（击球者击球后，球拍可以随球过网）。

（6）比赛进行中：运动员球拍、身体或衣服触及网或网的支持物；运动员的球拍或身体，以任何程度侵入对方场区；妨碍对手，如阻挡对方紧靠球网的合法击球。

（7）比赛时，运动员故意分散对方注意力的任何举动，如喊叫、故作姿态等。

（8）比赛时：击球时，球夹在或停滞在拍上，紧接着又被拖带；同一运动员两次挥拍连续击中球两次；同一方两名运动员连续各击中球一次；球碰球拍继续向后场飞行。

（9）运动员违反比赛连续性的规定。

（10）运动员行为不端。

4. 重发球

（1）有不能预见或意外的情况，应重发球。

（2）除发球外，球挂在网上或停在网顶，应重发球。

（3）发球时，发球员和接发球员同时违例，应重发球。

（4）发球员在接发球员未做好准备时发球，应重发球。

（5）比赛进行中，球托与球的其他部分完全分离，应重发球。

（6）司线员未看清球的落点，裁判员也不能作出决定时，应重发球。

（7）"重发球"时，最后一次发球无效，原发球员重发球。

5. 死球

（1）球撞网并挂在网上，或停在网顶上。

（2）球撞网或网柱后在击球这一方落向地面。

（3）球触及地面。

（4）"违例"或"重发球"。

6. 发球区错误

（1）发球顺序错误。

（2）从错误的发球区发球。

（3）在错误的发球区准备接发球，且对方球已发出。

7. 发球区错误的裁判方法

（1）如果错误在下一次发球击出前发现，应重发球；只有一方错误并输了这一回合，则错误不予纠正。

（2）如果错误在下一次发球击出前未被发现，则错误不予纠正。

（3）如果因发球区错误而"重发球"，则该回合无效，纠正错误重发球。

（4）如果发球区错误未被纠正，比赛应继续进行，并且不改变运动员的新发球区和新发球顺序。

8. 比赛中的出界

（1）单打的边线，是在边界的里面一条。

（2）双打的边线就是最外面一条。

（3）单打的前发球线，就是最前面的一条线。后发球线就是底线。发球在这两条线之间才有效。

（4）双打的前发球线和单打一样，都是最前面一条。后发球线就底线前的那一条线。发球在这两条线之间才有效。

羽毛球应有 16 根羽毛固定在球托部，羽毛长 64 ～ 70 毫米，但每一个球的羽毛从托面到羽毛尖的长度应一致。羽毛顶端围成圆形，直径为 58 ～ 68 毫米，球托直径 25 ～ 28 毫米，底部为圆形，羽毛球重 4.6 ～ 5.50 克。而对于非羽毛制成的球，则要求制成裙状，质量、性能不得有超过 10% 的差距。对于比赛用球，必须经过检验才能用，正确方法是：站在端线，低手向前上方全力击球，球的飞行方向与边线平行，一个合格的球，应落在离对方端线 53 ～ 99 厘米之间。

第五节　羽毛球考试内容与评分标准

一、考试内容

（1）技术评定：发高　远球 10 次（规定区域）。

（2）身体素质评定：羽毛球半场折返跑。

（3）技术评定：正手击高远球 10 次（规定区域）。

二、考试方法及评分标准

（一）发高远球

（1）方法：受测者选择左或右发球区发 10 个球，按落点计分（如图 7-9 和表 7-1 所示）。

（2）规则：按羽毛球运动竞赛规则执行。

（3）评分标准：如表 7-1 所示。

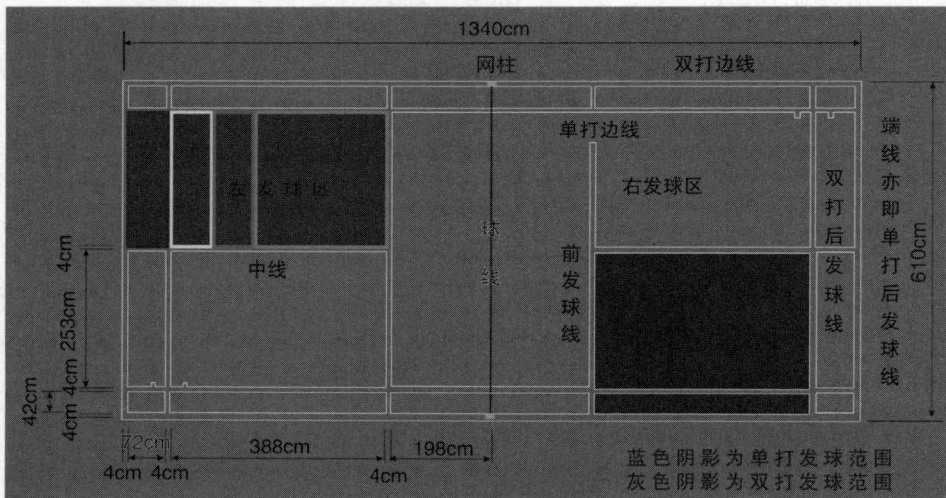

图 7-9 发高远球考试方法

表 7-1 发高远球评分标准

发球分数评定			技术评定标准
10 分	紫色区域	优秀	命中 8 个以上，动作正确规范，击球连贯，身体各部位协调、灵活
9 分	黄色区域	良好	命中 6～7 个，动作较正确、规范，身体各部位较为协调
8 分	蓝色区域	及格	命中 5 个，动作有连续性、较慢，身体各部位协调性差
6 分	绿色区域	不及格	命中 4 个以下，身体各部位不协调、僵硬、击球部位不准确

（二）羽毛球半场折返跑

（1）方法：受测者进行半场（6.7 米）10 次折返跑，按速度计分（如表 7-2 所示）。

（2）规则：受测者从羽毛球场的底线跑向羽毛球网触网，回到场地底线算一次。

C. 评分标准：如表 7-2 所示。

表 7-2 羽毛球半场折返跑评分标准

性别	评定标准								
男	45"	50"	55"	60"	65"	70"	75"	80"	85"
	100"	95"	90"	85"	80"	75"	70"	65"	60"
女	55"	60"	65"	70"	75"	80"	85"	90"	95"
	100"	95"	90"	85"	80"	75"	70"	65"	60"
备注：男生超过 85"、女生超过 95"，得分为 0 分。									

（三）正手击高远球

（1）方法：受测者选择左或右击球区用正手击高远球技术击 10 个球，按落点计分（如图 7-10 和表 7-3 所示）。

（2）规则：按羽毛球运动竞赛规则执行。

（3）评分标准：如表 7-3 所示。

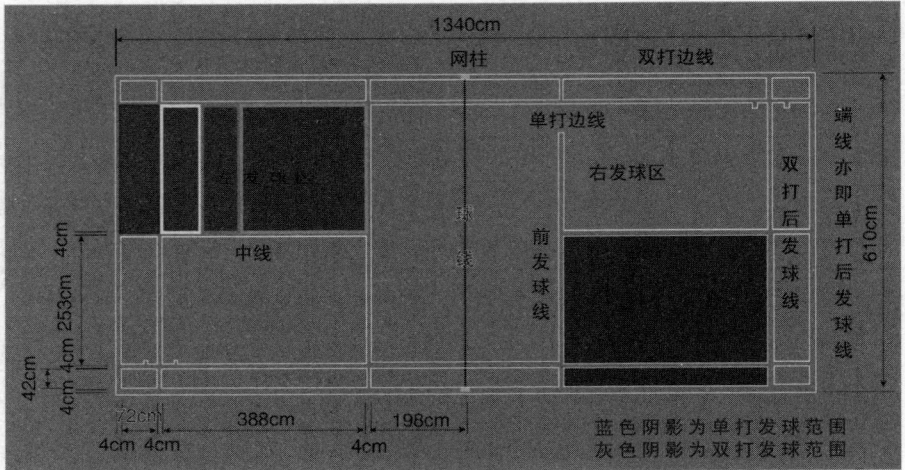

图 7-10 正手击高远球考试方法

表 7-3 正手击高远球评分标准

击球分数评定			技术评定标准
10 分	紫色区域	优秀	命中 8 个以上，动作正确规范，击球连贯，身体各部位协调、灵活
9 分	黄色区域	良好	命中 6～7 个，动作较正确、规范，身体各部位较为协调
8 分	蓝色区域	及格	命中 5 个，动作有连续性、较慢，身体各部位协调性差
0 分	绿色区域	不及格	命中 4 个以下，身体各部位不协调、僵硬、击球部位不准确

第八章 网球

第一节 网球运动概述

　　现代网球运动一般包括室内网球和室外网球两种形式。网球运动最早起源于 12 ～ 13 世纪法国传教士在教堂回廊里用手掌击球的一种游戏。后来成为宫廷里的一种室内消遣娱乐活动。也有人认为，网球运动的起源应追溯到"百年战争"（1337 ～ 1453 年英法两国战争）以前在法国民间流传的一种名叫海欧·德·巴乌麦的球类游戏。据说这种游戏是两个人进行的，每人各执一个球拍，球场的周围筑有围墙，球撞到墙上后被弹回去，而后过网。因此，无论从使用的场地和器具上，还是从进行游戏的方法上，它与现代网球运动有许多相似之处，所以有人把它看作是网球运动的原初形态。网球的直径在 6.541 ～ 6.858 厘米之间。起初的网球，只是两个半球填充草、树叶或头发等制成的，随着网球的不断发展，球的制作也越来越讲究。

　　到了 14 世纪中叶，法国的一位诗人把这种球类游戏介绍到法国宫廷中，作为皇室贵族男女的消遣游戏。当时玩这种游戏，场地是宫廷内的大厅，没有网也没有球拍，球是用布卷成圆球后用绳子绑成的。场地中间架起一条绳子为界，利用两手作球拍，把球从绳上丢来丢去，法语叫作 Tennez，英语叫作"Takeit！Play"，意为："抓住！丢过去"，今天"网球（Tennis）"一语即来源于此。不久，木板的球拍被用来代替两手拍球。16 世纪初，这项球类游戏被法国国民发现，出于好奇心开始仿效，很快地传播到各大城市，同时改良了用具。球制造得比较耐用，拍子由木板改为羊皮纸板，拍面面积放大，握把的柄也加长。场地中间的绳子，增加无数短绳子向地面垂下，球从绳子下面经过时，可以明显地发觉。后来被法国国王路易斯下令禁止，并规定这是宫廷中的特权游戏。17 世纪初，场地中间不再用绳帘，而改用小方格网子，网比帘的作用更好，拍子改用穿线的网拍，富有弹性而且轻巧方便。在法国宫廷中做这种游戏时，球场旁边放置一个金色容器，每次比赛完毕后，观众将金钱投入容器中，作为胜利者的奖品。这种方法起初的用意很好，后来渐渐演变成为一种赌博。开始时数目尚小，久而久之越赌越大，甚至有人因此倾家荡产，于是纠纷迭起，法国国王遂下令禁止再做此种游戏，这就是18世纪初期网球衰败的主要原因。

在1358～1360年间，这种球类游戏从法国传到了英国。英国国王爱德华三世对此特别感兴趣，下令在宫内建造一处室内球场。从此，网球开始在英国流行，成为英国上层社会的一种娱乐活动，所以有"贵族运动"之雅称。这期间流行的主要是室内网球。直到1793年9月29日，在英国的一份《体育运动》杂志上，才有了"场地网球"的叫法。

现代网球运动的历史一般是从1873年开始的。那年，英国人沃尔特·克洛普顿·温菲尔德对早期的网球打法加以改进，使之成为夏天在草坪上进行的一种体育活动，并取名"草地网球"。同年还出版了一本以《草地网球》为题的小册子，对这种活动进行宣传和推广。所以，温菲尔德被称为"近代网球的创始人"。此后网球便成为一项室内、户外都能进行的体育项目。同时在英国各地建立网球运动俱乐部。1875年又建立了全英网球运动俱乐部。这个俱乐部建造了世界上的第一个网球场地，并于1877年举办了全英草地网球男子单打锦标赛，即后来闻名于世的温布尔登网球赛。网球运动的广泛开展和比赛活动的日益频繁，没有统一的规则当然是不行的。于是在1876年，由一些地区的著名网球运动俱乐部派出代表，一起开会研究和讨论制定一个全英统一的网球规则。经过多次协商，各方代表终于对网球运动的场地、设备、打法和比赛等方面取得了一致的意见，并形成了一个统一的规则。大约在1878年以后，英国大多数网球俱乐部逐渐按照新的打法开展活动、进行训练和比赛。

1874年，在百慕大度假的美国女士玛丽·奥特布里奇在观看了英国军官的网球比赛后，对这项体育活动颇感兴趣，于是将网球规则、网拍和网球带到纽约。在美国，网球运动最初是在东部各学校中开展的，不久就传到中部、西部，进而在全美得到普及。此时网球运动已经由草地上演变到可以在沙土上、水泥地上、柏油地上举行比赛，于是"网球（Tennis）"的名称就慢慢替代了"草地网球（Lawn Tennis）"的名称，这是我们今天网球（Tennis）名称的由来。

现代网球运动开展的初期，妇女常被排斥在外，其理由是网球运动不适合于妇女。同时认为妇女参加网球运动，有伤风化。因此早期的网球比赛只设有男子单打和双打两项，不设女子网球项目。但是一些女选手不仅敢于冲破社会舆论和家庭的阻挠，而且有的技术水平还超过了男选手。在一些非正规的单打比赛中常常出现一边是男选手、另一边是女选手的情况。这才迫使一些网球俱乐部不得不破除这一禁令，允许妇女参加这一运动。所以，1879年诞生了男女混合双打比赛，这是妇女自身努力奋斗的结果。

网球运动起源于宫廷之中，所以计分方法就地取材，他们拿可以拨动的时钟来计分，每得一次分就将时钟转动1/4，也就是15分（a quarter，一刻），同理，得两次分就将时钟拨至30分，当然一切都是以他们的方便为基础。这就是15分、30分的由来。

至于40分，它比较怪异，它不是15的倍数。这是因为在英文中，15分念作"fifteen"，为双音节，而30分念作"thirty"，也是双音节；但是45分，英文念作"forty-five"，变成了三个音节，当时英国人觉得有点拗口，也不符合"方便"的原则，于是就把它改成同为双音节的40分。这就是看来不合逻辑的40分的由来。

虽然这样的计分方法看来有些奇怪，但还是依循传统沿用至今，毕竟大家都已经习惯了这种来自宫廷的计分方法。

参加网球运动的意义：

（1）一项逐渐兴起的健身运动。网球是世界上最流行的运动项目之一。网球一向被冠以"贵族运动""高雅运动"以及文明运动的美誉。观看重要的国际网球比赛，是许多人休闲、度假的主要内容。独特的网球文化使得网球运动成为现代社会人们崇尚的生活方式之一。

（2）强身健体，增强体魄。网球是一种有氧户内外运动之一，由于成天忙于工作、学习和生活，大多数的时间在室内中度过，需要到室外进行一些户外运动，网球就是最好的选择之一。

（3）网球可以提高人们的综合素质。网球影响着人们的思想和行为。任何一种文化都是一种价值取向，规定着人们所追求的目标，通过网球运动中的技能、心理、准则、礼仪等将网球文化所要求的思维模式、道德规范、行为准则有机地融为一体，以提高其综合素质。

（4）网球运动是一种最为时尚的运动之一。网球运动很适合都市人群。一般人看来，网球是一项绅士运动，打网球者经常给人们一种温文尔雅的感觉。对赶在时代最前沿，具有超生活理念的机关干部、白领阶层和高校大学生把打网球当作一种时髦。所以，随着生活水平的提高，人们的健康意识的加强，越来越多的人参与到网球运动中来。

（5）网球文化具有终身受益的作用。网球运动是能在3～90岁男、女之间进行的活动，不受年龄和性别的影响。年轻人可以显示他们优良的身体素质、强劲的力量和快速的奔跑；少年儿童在愉悦中打网球；中年人及古稀老人，可以根据自身的身体、心理、生理条件，进行适宜的运动强度。由于网球运动的运动量和运动强度的可调控性和趣味性，可快可慢、可张可弛，使得参与者以饱满的热情和适合自己的强度在不知不觉中运动完相当于跑完几里路程的运动时间。达到了增进健康、增强体质、强壮身心的目的。网球运动隔网对垒，不属于肢体碰撞运动，能减少不必要的伤害。所以，网球也是所有体育运动项目中运动寿命最长的项目之一。

（6）网球文化培养人的诚实守信的优秀品质。业余活动中的网球比赛大多是无裁判下的信任制比赛，运动员一定要做到诚实，把好球说成出界或把出界说成好球都是不诚实的表现。诚信品质的体现贯穿在整个网球活动的全过程，而网球活动也是最能体现一个人诚信品质的体育活动之一。

（7）网球是培养人的团结协作的精神。网球比赛是非常讲究团结协作精神的运动项目。教练与球员之间，团体赛与队友之间，双打搭档之间都要有默契的配合。而这种默契就来自每个球员所具有的团队协作精神。特别是在双打比赛中，想在比赛做到配合默契，就要始终尊重和鼓励伙伴，特别在失误丢分后，一定要勇于承担责任。这种协作精神将大大加强集体的凝聚力和战斗力，它的功效在学生进入社会后自然会淋漓尽致地体现出来。如郑洁和晏紫获得澳网女双冠军，除了技战术好外，与她们16年的团结和睦相处、配合默契是分不开的。

（8）网球文化能培养人们更加自信的心理状态。自信和自负是两种完全不同的概念。自负是一种不切实际的想法，而自信则是建立在认真学习，谦虚谨慎、不怕困难的基础上奋发向上。心理状态在网球比赛中具有重要的因素，在技术相近的选手之间比赛，心态更显重要。网球运动能训练一个人的心理，锻炼出不因自己或对手及其他原因而影响心理状态的正常发挥。

（9）网球运动是一种文明、礼貌、高雅的文化礼仪。这种文化来源于100多年来传统的习俗、管理者的管理和网球人群的意愿。网球礼仪就更显重要。球员与球员、教练、观众之间始终以礼相待；观众观赏网球比赛中途不能走动和发出声音；现代网球文化既保留了这种古代网球的文化、礼貌和高雅性，又增强了现代网球运动文化的大众性。网球运动中，一个举止文明有礼节有涵养的运动员不管在任何地方都会受到大家的欢迎。

（10）网球运动是可以充分施展个性，身心放松的运动项目之一。上班族有工作上的压力，学生有课业上的压力，青年男女有恋爱问题，中年人婚姻上的烦恼，老年人则有慢性病的苦恼，如何缓解压力，成了困扰现代人的一个主要问题。研究表明，适当的运动可以增进体能并增强免疫系统强化的作用。因此，选择适合自己的运动并配以充足的休息，是疏解压力、调节免疫的最佳手段。在网球运动中，需全神贯注排除一切杂念，快速的奔跑击球、大力扣杀等活动可以把一天的疲劳、困扰等挥洒得干干净净，使身心完全放松，特别是在击出了一个好球，击出了一个不该失误的球时，你可以充分地吼叫、跳跃、丢拍子等，释放你的个性气质。

（11）打网球能健身，好身体是打好网球的基础。任何一项体育项目都有与该项目相关联的人体结构学、运动心理学、营养学等学科的相互联系、相互促进。网球运动也不例外。无论大人、小孩热衷学打网球，都是为了能锻炼身体。网球运动能增强血液循环系统的改善．消耗多余热量，心肺功能得到提高，可以增加人体免疫能力，提高抗病能力和病后康复速度，达到增进健康、增强体质、强化身心的目的。这是打网球能健身的出发点，一旦对网球的技战技能有了掌握，通过网球比赛获得快乐，看到自己的获胜，并喜欢上这项运动后，能进一步提高自己的技术水平，仅只是一点规范的动作是不够的。这就需要好的身体素质为基础。

第二节　网球基本技术

网球的基本技术包括握拍法、正手击球、反手击球、发球、接发球、截击球、挑高球、步法几项，下面重点介绍前四项。

一、握拍法

握拍的方法大体可分为"东方式""西方式"和"大陆式"三种。

（一）东方式握拍法

握拍时拍面与地面垂直，大拇指与食指呈 V 字形握在拍柄的中部，由于恰如握手的形状，因此也称为握手式握拍法。

（二）西方式握拍法

球拍拍面与地面平行，手掌从上面握住拍柄。

（三）大陆式握拍法

除了球拍面与地面垂直，大拇指与食指呈 V 字形握在拍柄的中部与东方式握拍法一样外，不同点是，大拇指与食指互相接触而不分开，如同握着锤子的样子，所以又称握锤式握拍法。

二、正手击球

正手击球是网球技术中最基本的击球方法。由 4 个环节组成：准备姿势、转肩拉拍、挥拍击球、前挥跟随。

（一）准备姿势

两脚分开与肩同宽，双膝微屈，两眼注视来球，上体前倾，重心落在前脚掌上，右手持拍于腹前，左手扶拍颈，拍面稍高于柄。

（二）转肩拉拍

球飞来时左手马上推拍，同时双肩向右侧转动，左脚转动至左肩侧身对网，右手快速平稳向后拉拍，拍头高于手腕。拉拍结束时，球拍指向后方。

（三）挥拍击球

向前挥拍击球时，要绷紧手腕握紧球拍，借助转髋和转腰的力量向前方挥击球拍。击球点在身体右前方。

（四）前挥跟随

击球后，球拍应随球的方向做较长的随球挥拍动作，随挥至左肩上方结束，并迅速恢复成准备姿势。

三、反手击球

反手击球有单手和双手击球两种，下面介绍单手反手击球。

（一）准备姿势

与正手击球的准备姿势基本相同。

（二）后摆引拍

向左转肩，转肩幅度较正拍为多，同时调整握拍法，反手击球的后摆要求平稳而连续。

（三）挥拍击球

击球点在右髋前 30 厘米处，击球时身体前倾，并且利用腰部的力量，配合挥臂动作，协调作用于拍旋，将球击出。

（四）随挥动作

转体约 45° 随挥的动作结束于侧前方高处，这时重心在前脚上，后脚跟踮起。

四、发球

发球是网球重要技术之一，是网球竞赛唯一由自己掌握并且组织进攻的良好机会。发球分为平击发球、切削发球和旋转发球三种。

（一）握拍法

发球一般采用大陆式握拍，但初学者可用东方式正手握拍法，当手腕力量增强，发球动作熟练后再转换成大陆式握拍。

（二）站位与姿势

站位在端线后靠近中线约 1.5 米处，两脚开立与肩同宽，前脚与端线成 45°，距端线约 5 厘米，身体自然，重心在右脚上，左肩侧对着球网。

（三）抛球与后摆

抛球要平稳，球的高度也是击球的高度，当球和缓地离开手指时，右手将球拍后摆移动成悬垂弧状，向下，然后抬起指向身后的护栏，当左手放开球时，右臂大致与地面平行。

（四）挥拍击球

后摆结束后紧接着就是"搔背"动作，指的是拍头在身后形成的弧圈和加速的轨迹。后摆是缓慢的，但"搔背"动作是快速的。当球拍拍头抬起准备触球时，要逐渐转动球拍，击球点在抛球至最高点，也就是刚开始下落时的一瞬间。

第三节　网球基本战术

网球的基本战术分为单打和双打两种。在这里我们以单打为例，对网球的基本战术作简单介绍。

一、发球

发球要考虑落点、力量和旋转等因素的变化才能有良好的效果。如果突发的球有角度，使球反弹出边线，迫使对手离开基本位置，若对手站位离中线较远，可发球至接发球人的中线附近，以牵制对方。第一次发球应尽量利用大力发球，以加强球的攻击程度，从而给对手造成压力。第二次发球应具有稳健性，以保持较高的成功率。

二、接发球

在第一回合较量中对手发角度大而弹出边线的球时，若球速较慢，可用进攻的方法进行还击，也可还击大角度球，从而牵制发球后的抢攻。接大角度球时，不要向后跑，而应向前迎球，用拉球还击。接发球时，应选择合适的位置，其标志是正手和反手各有 1/2 的机会接到球。

三、把球打深

把球打深是指打出的球的落点要接近球场短线附近。在单打比赛中，把球打深能将对手压在底线附近，这样可以防止对手上网，且能使自己有更充分的时间为下次击球做好准备。另外，还能使对手回击的角度减小。对准备随球上网的运动员来说，将球打深也有重要作用。

四、调动对手

调动对手也就是把对手调离其能较好发力的击球位置，使其场上出现空当，争取比赛的主动权。一般通过打斜线球和打直线球达到调动对手的目的。

打斜线球有较高的安全系数，斜线球要通过球网上空的中间位置，所以容易击球过网。打直线球对调动对手也有特殊的重要意义，因为直线球距离比斜线球相对来说要短，所以它能适当地加快回击的速度。当对手打来斜线球时，以直线球还击，可以左右调动对手；在对手出现空当时，用直线球还击，可以增大击球的威胁性。

五、网前截击

当运动员处于较有利的网前位置时，可以充分发挥网前快速截击的威力。截击时，采用变线的打法，若能打到空当，效果良好。变线打法就是对手大斜线球，用直线球还击，或对手打直线球，用斜线球还击。

另外，网球的基本战术除了上述打法以外，还可以分为上网型、底线型和综合型。

（一）上网型

积极创造一切机会和条件上网后，在空中截击来球，利用速度与落点变化造成对方还击的困难，甚至失误。网前技术的使用率男子在 40% 以上，女子在 35% 以上。这种打法积极主动，富有攻击性，但略带冒险性。果断是这种打法所必须具备的意志品质。美国著名球星 J．P．麦肯罗属于此种打法类型。

上网型打法的常用战术有：①发球上网：利用快速有力和落点多变的发球，迫使对方接发球难于主动发力，然后快速移步上网。②随球上网：对打中，利用一板低而深的球，使对方难于发力，然后快速移步上网。③接发球上网：在判断准确、及时的基础上，接发球即击快深球或空当，使对方失去主动。然后迅速上网。上网型打法应重视高压球技术，要求判断准、反应移动快；下拍坚决果断，落点好；保护后场的能力强。

（二）底线型

基本上保持在底线抽球（包括削球），利用球的速度、力量、落点和旋转变化出现机会时，偶尔上网。网前技术的使用率男子在 25% 以下，女子在 20% 以下。此打法原来偏于保守，较被动。近年来，在上网打法的影响下，产生了一种攻击性的底线打法，运用凶狠的底线双手抽球，使对方难以截击。世界著名运动员 B．博格即属此种攻击性的底线打法。此打法要求：积极快速，能攻善守；正反拍无明显差异，掌握上旋抽击，能连续进攻，具备强有力的破网反击能力；能运用强烈的上旋高球，在快速中有"搏"一板的技术；兼备处理小球和网前的能力；体力好，步法快。

（三）综合型

底线和上网两种打法的综合运用。网前技术的使用率男子为 25% ~ 40%，女子 20% ~ 35%，著名美国网球选手 J．康纳斯属此打法。这种打法的技术特点和要求是：积极快速，以攻为主；正反拍都能打加力的上旋抽球，有连续进攻能力；能拉开对方，善于截击和高压球威力大、落点好、破网反击能力强。

第四节　网球比赛规则

一、球

场上用球外部需要由纺织材料统一包裹，颜色为白色或黄色，接缝处需无缝线痕迹。用球的尺寸需要符合有关要求（球的检测在规则三中有具体说明），重量要介于 2 盎司（56.7 克）和 $2\frac{1}{6}$ 盎司（58.5 克）之间。在从 100 英寸（254 厘米）的高度向混凝土地面做自由落体运动时，反弹的高度应该介于

53 英寸（134.62 厘米）和 58 英寸（147.32 厘米）之间。当在球上施加 18 磅（8.165 千克）的压力时，向内发生弹性形变应该介于 0.22 英寸（0.559 厘米）到 0.29 英寸（0.737 厘米）之间，压缩后反弹形变的范围应该介于 0.315 英寸（0.8 厘米）到 0.425 英寸（1.08 厘米）之间。这两种形变数据应该是以球的三个轴测试后得到的平均值。在每一种情况下任何两个数据之间的差异不能大于 0.03 英寸（0.076 厘米）。

如果在海拔 4000 英尺（1219 米）的高度进行比赛，就需要采用另外两种特殊用球。第一种是除弹跳高度要介于 48 英寸（121.92 厘米）到 53 英寸（134.62 厘米）以外，还要使球的内压大于外部气压，其他方面则与上面的描述完全相同，这种球通常被称为增压球；第二种球除弹跳高度要在 53 英寸（134.62 厘米）到 58 英寸（147.32 厘米）之间外，还要使球的内压大约等于外部的气压，并且能在指定的比赛场地的海拔高度保持 60 天以上，其他方面则与上面的描述完全相同，这种球通常被称为零压球或无压球。

所有关于球弹跳、尺寸和形变的测试，都需要符合有关规定。

国际网球联合会将对任何关于某种球或样品是否符合上述标准，或是否可以被批准用于比赛的问题进行裁决。这种裁决有可能是国际网联本身主动进行的行为，也可以依据所有真正感兴趣的人或任何选手、器材生产厂商或国家网球协会，以及他们的会员的申请来进行。这类申请与裁决应该按照国际网联的审查与听证程序来进行。

二、球拍

不符合下列要求的球拍不允许在按照本规则进行的比赛中使用：

（1）球拍的击球面应该是平坦的，由连接在球拍框上的拍弦组成统一规则，拍弦在交叉的地方应该是相互交织或相互结合的；拍弦所组成的式样应该大体一致，中央的密度特别不能小于其他区域的密度。球拍的设计和穿弦应使球拍正、反两侧在击球时性质大体保持一致。

拍线上不应有附属物或突出物，除非该附属物仅仅并且非常明确的是用来限制和防止拍弦磨损、撕拉或振动的，而且它的尺寸以及位置也必须是合理的。

（2）从 1997 年 1 月 1 日起，在职业比赛中使用的球拍拍框的总长度（包括拍柄）不能超过 27 英寸（73.66 厘米）。从 2000 年 1 月 1 日起，在非职业比赛中使用的球拍拍框的总长度（包括拍柄）不能超过 27 英寸（73.66 厘米）。在此之前，非职业比赛使用的球拍的最大长度为 32 英寸（81.28 厘米）。拍框的总宽度不能超过 $12\frac{1}{2}$ 英寸（31.75 厘米）。穿弦平面的总长度不能超过 $15\frac{1}{2}$ 英寸（39.37 厘米），总宽度不能超过 $11\frac{1}{2}$ 英寸（29.21 厘米）。

（3）拍框、包括拍柄都不能有附属物和装置，除非该附属物仅仅并且非常明确的是用来限制和防止球拍磨损、破裂、振动或是用来调整重量分布的，而且它的尺寸以及位置也必须是合理的。

三、发球

（一）发球前的规定

发球员在发球前应先站在端线后、中点和边线的假定延长线之间的区域里，用手将球向空中任何方向抛起，在球接触地面以前，用球拍击球（仅能用一只手的运动员，可用球拍将球抛起）。球拍与球接触时，就算完成球的发送。

（二）发球时的规定

发球员在整个发球动作中，不得通过行走或跑动改变原站的位置，两脚只准站在规定位置，不得触及其他区域。

（三）发球员的位置

（1）每局开始，先从右区端线后发球，得或失 1 分后，应换到左区发球。

（2）发出的球应从网上越过，落到对角的对方前场方块区域内，或其周围的线上。

（四）发球失误

未击中球；发出的球，在落地前触及固定物（球网、中心带和网边白布除外）；违反发球站位规定。发球员第一次发球失误后，应在原发位置上进行第二次发球。

（五）发球无效

发球触网后，仍然落到对方发球区内，接球员未作好接球准备，均应重发球。

（六）交换发球

第一局比赛终了，接球员成为发球员，发球员成为接球员。以后每局终了，均依此互相交换，直至比赛结束。

四、通则

（一）交换场地

双方应在每盘的第 1，3，5 等单数局结束后，以及每盘结束双方局数之和为单数时，交换场地。

（二）失分

发生下列任何一种情况，均判失分。
（1）在球第二次着地前，未能还击过网。
（2）还击的球触及对方场区界线以外的地面、固定物或其他物件。
（3）还击空中球失败。
（4）故意用球拍触球超过一次。
（5）运动员的身体、球拍，在发球期间触及球网。
（6）过网击球。
（7）抛拍击球

（三）压线球

落在线上的球算界内球。

五、双打

（一）双打发球次序

每盘第 1 局开始时，由发球方决定由何人首先发球，对方则同样地在第 2 局开始时，决定由何人首先发球。第 3 局由第 1 局发球方的另一球员发球。第 4 局由第 2 局发球方的另一球员发球。以下各局均按此次序发球。

（二）双打接球次序

先接球的一方，应在第 1 局开始时，决定何人先接发球，并在这盘单数局，继续先接发球。对方同样应在第 2 局开始时，决定何人接发球，并在这盘双数局继续先接发球。他们的同伴应在每局中轮流接发球。

（三）双打还击

接发球后，双方应轮流由其中任何一名队员还击。如运动员在其同队队员击球后，再以球拍触球，则判对方得分。

六、计分方法

（一）一局

（1）每胜 1 球得 1 分，先胜 4 分者胜 1 局。
（2）双方各得 3 分时为"平分"，平分后，净胜两分为胜 1 局。

（二）一盘

（1）一方先胜 6 局为胜 1 盘。
（2）双方各胜 5 局时，一方净胜两局为胜 1 盘

（三）决胜局计分制

在每盘的局数为 6 平时，有以下两种计分制。
（1）长盘制：一方净胜两局为胜 1 盘。
（2）短盘制（抢七）：决胜盘除外，除非赛前另有规定，一般应按以下办法执行。①先得 7 分者为胜该局及该盘（若分数为 6 平时，一方须净胜两分）。②首先发球员发第 1 分球，对方发第 2，3 分球，然后轮流发两分球，直到比赛结束。③第 1 分球在右区发，第 2 分球在左区发，第 3 分球在右区发。④每 6 分球和决胜局结束都要交换场地。

（四）短盘制的计分

（1）第 1 个球（0：0），发球员 A 发 1 分球，1 分球之后换发球。
（2）第 2，3 个球（报 1：0 或 0：1，不报 15：0 或 0：15），由 B 发球，B 连发两分球后换发球，先从左区发球。
（3）第 4，5 个球（报 3：0 或 1：2，2：1，不报 40：0 或 15：30，30：15），由 A 发球，A 连发两球后换发球后换发球，先从左区发球。
（4）第 6，7 个球（报 3：3 或 2：4，4：2 或 1：5，5：1 或 6：0，0：6），由 B 发 1 分球之后交换场地，若比赛未结束，B 继续发第 7 个球。
（5）比分打到 5：5，6：6，7：7，8：8……时，需连胜两分才能决定谁为胜方。但在记分表上则统一写为 7：6。
（6）决胜局打完之后，双方队员交换场地。

七、场地规则

（一）球场

球场应为长 78 英尺（23.77 米）、宽 27 英尺（8.23 米）的矩形。中间由

一条挂在最大直径为 1/3 英寸（0.8 厘米）粗的绳索或钢丝绳上的球网分开。
见图 8-1。

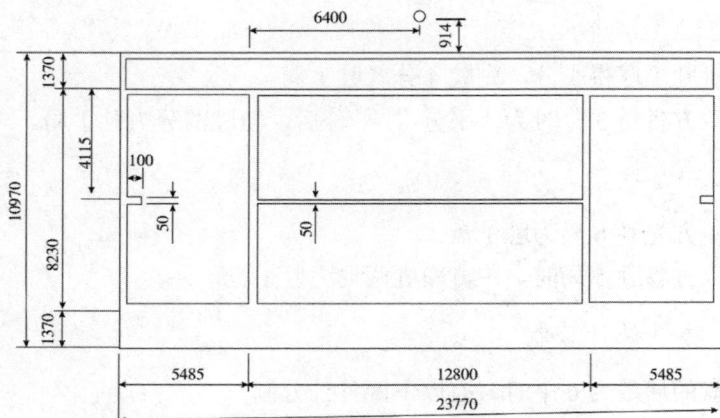

图 8-1 网球场地尺寸

（二）球网

球网粗绳索或钢丝绳最大直径为 1/3 英寸（0.8 厘米），网的两端应各附
着或挂在一个网柱顶端，网柱应为边长不超过 6 英寸（15 厘米）的正方形方
柱或直径为 6 英寸（15 厘米）的圆柱。网柱不能超过网绳顶端 1 英寸（2.5 厘
米）。每侧网柱的中点应距场地 3 英尺（0.914 米），网柱的高度应使网绳或钢
丝绳顶端距地面的垂直距离为 3 英尺 6 英寸（1.07 米）。在单、双打两用场
地上悬挂双打球网的进行单打比赛时，球网应该由两根高度为 3 英尺 6 英寸
（1.07 米）的"单打支杆"支撑，该支杆截面应是边长小于 3 英寸（7.5 厘米）
的正方形或直径小于 3 英寸（7.5 厘米）的圆形。每侧单打支杆的中点应距单
打边线 3 英尺（0.914 米）。球网需要充分拉开，以便能够有效填补两根支柱
之间的空间，并有效打开所有网孔，网孔大小以能防止球从球网中间穿过为
准。球网中点的高度应该是 3 英尺（0.914 米），并且用不超过 2 英寸（5 厘米）
宽的完全是白色的网带向下绷紧固定。球网上端的网绳或钢丝绳要用一条白
色的网带包裹住，每一面的宽度介于 2 英寸（5 厘米）到 2.5 英寸（6.35 厘米）。
在球网、网带及单打支杆上都不能有广告。

（三）球场线

球场两端的界线叫底线，两边的界线叫边线。在距离球网两侧 21 英尺
（6.4 米）的地方各画一条与球网平行的线，为发球线。球网与每一边的发球
线和边线组成的场地再被发球中线分为两个相等的区域，为发球区，发球中
线是一条连接两条发球线中点并与边线平行的线，线宽须为 2 英寸（5 厘米）。

每一条底线都被一条长 4 英寸（10 厘米）、宽 2 英寸（5 厘米）的发球中线的假定延长线分为相等的两个部分，由一条短线分隔，该短线为"中点"，它与所处的底线呈垂直相连，自底线向场内画。除了底线的最大宽度可以不超过 4 英寸（10 厘米）以外，所有其他线的宽度均应在 1 英寸（2 厘米）到 2 英寸（5 厘米）之间。所有的测量都应以线的外沿为准。

（四）永久固定物

网球场地上的永久固定物不只包括球网、网柱、单打支杆、网绳、钢丝绳、中心带及网带，以下情况也算永久固定物，如球场四侧的挡板、看台、环绕球场固定或可移动的椅子，以及所有场地周围和上方的配套设施，还有出于各自预定位置的裁判、司网裁判、脚误裁判、司线员和球童。

如果广告位于球场后侧司线的椅子后面，则广告中不能包括白色或黄色。浅色只有在不干扰球员视线的情况下才允许使用。[ITF 说明 1：在戴维斯杯、联合会杯和国际网联主办的巡回赛中，对于底线后侧和边线两侧区域大小的具体要求分别包括在各项赛事的相关条款中。ITF 说明 2：对于俱乐部和业余选手，底线后侧场地距离至少为 18 英尺（5.5 米），边线侧面距离至少 10 英尺（3.05 米）。]

第五节　网球考试内容与评分标准

一、考试内容

（1）原地正手直线击球过网；
（2）原地反手直线击球过网；
（3）移动中正手直线击球过网；
（4）移动中反手直线击球过网。

二、考试方法及评分标准

（一）原地正手直线击球过网

1. 方法
两人一组（一人测试，另一人为测试者定点放球）。受测者站于底线半场外，原地用正手直线击球过网（连续 10 球），计算球的落点评定成绩。
2. 规则
将球场中线划分两半区，可选择任何半区为考场，测试 10 球，每球的分值为 7 分，总分 70 分，当球落在界外时不予给分，当球落在发球区和另半场的非发球区（界内）时得 2 分，当球落在剩余区域内（界内）得 7 分。

3. 评分标准

该项得分为 70 分，另 30 分为技术评定分，两者之和为该项考试得分。

（二）原地反手直线击球过网

1. 方法

两人一组（一人测试，另一人为测试者定点放球）。受测者站于底线半场外，原地用正手直线击球过网（连续 10 球），计算球的落点评定成绩。

2. 规则

将球场中线划分两半区，可选择任何半区为考场，测试 10 球，每球的分值为 7 分，总分 70 分，当球落在界外时不予给分，当球落在发球区和另半场的非发球区（界内）时得 2 分，当球落在剩余区域内（界内）得 7 分。

3. 评分标准

该项得分为 70 分，另 30 分为技术评定分，两者之和为该项考试得分。

（三）移动中正手直线击球过网

1. 方法

两人一组（一人测试，另一人为测试者定点放球）。受测者站于底线半场外，横向移动用正手直线击球过网（连续 10 球），计算球的落点评定成绩。

2. 规则

将球场中线划分两半区，可选择任何半区为考场，测试 10 球，每球的分值为 7 分，总分 70 分，当球落在界外时不予给分，当球落在发球区和另半场的非发球区（界内）时得 2 分，当球落在剩余区域内（界内）得 7 分。

3. 评分标准

该项得分为 70 分，另 30 分为技术评定分，两者之和为该项考试得分。

（四）移动中反手直线击球过网

1. 方法

两人一组（一人测试，另一人为测试者定点放球）。受测者站于底线半场外，横向移动用正手直线击球过网（连续 10 球），计算球的落点评定成绩。

2. 规则

将球场中线划分两半区，可选择任何半区为考场，测试 10 球，每球的分值 7 分，总分 70 分，当球落在界外时不予给分，当球落在发球区和另半场的非发球区（界内）时得 2 分，当球落在剩余区域内（界内）得 7 分。

3. 评分标准

该项得分为 70 分，另 30 分为技术评定分，两者之和为该项考试得分。

第九章 塑身运动

第一节 健美操

一、健美操概述

（一）健美操的概念

健美操是一项融体操、舞蹈、音乐于一体的，应用各种类型的操化动作，按照全面发展身体的要求，组编成操。它是健身美体、陶冶情操的新型体育项目。

健美操是一项新兴体育运动项目，且发展迅速，因此，人们对健美操的认识和理解各有不同。"健美操是以人体自身为对象，以健美为目的，以身体训练为内容，以艺术创造为手段，融体操、舞蹈、音乐于一体的一项新兴体育项目。"它是以健身美体为主要目的，其练习内容丰富、简单易学，不受年龄、性别、场地、气候等的限制。具有一般体育活动共有的增强体质、增进健康、锻炼身体的作用，同时对女子减肥和改善形体、提高身体的协调性以及韵律感，都有着特殊的作用。

（二）健美操的特点

1. 音乐是灵魂

健身性健美操必须是在音乐的伴奏下进行的，音乐是它的灵魂。现代健身性健美操的音乐多取材于迪斯科、爵士、摇滚等，给练习者一种强烈的韵律感。

2. 强烈的节奏性

在健美操的节奏中表现快速的肌肉力量和延缓的肌肉力量动作，在音乐的伴奏下，一拍一动，两拍一动体现了动作速度的快慢变化，无论是力度还是速度，都体现了健美操的力量特征。

3. 健身的安全性

健美操所设计的运动负荷、运动强度、运动量及运动节奏都充分考虑了因运动而产生一系列的刺激结果的可行性，使之结合一般人的体质，甚至体质弱的人都能在承受的有氧范围内。

4.广泛的群众性

健美操具有广泛的适应性，是一项富有趣味性的运动。更重要的一点是，健美运动的安全性很强。因为是在平地上进行，而且，可以根据自身的条件去选择合理的练习方式，所以，健美操运动是一项安全度很高的运动。

二、健美操的基本动作

（一）低冲击力动作

1．踏步

两腿依次抬起，依次落地。在落地时，膝、踝关节有弹性地缓冲。分为踏步转体、踏步分腿与并腿。

2．走步

迈步移动，向前走时，脚跟先落地，过渡到全脚掌，向后走时相反。在落地时，膝、踝关节有弹性地缓冲。分为向前后走步、转体（弧线的）走步。

3．一字步

向前一步，后脚并前脚，然后向后一步，前脚并后脚。前、后均要有并腿过程，两膝始终有弹性地缓冲。一字步分为向前向后的一字步和转体的一字步。

4．"V"字步

一脚向斜前方迈一步，另一脚随之向另一斜前方迈一步，两脚开立，然后再依次退回原位。两脚之间的距离略比肩宽，身体重心在两腿之间。分为前和后、转体和跳的"V"字步。

5．漫步

一脚向前迈出，重心随之转移，另一脚稍抬起，然后退落下，重心后移，前脚随之后撤落地，重心移至后脚。身体重心随动作前后灵活移动，动作有弹性，分为转体的漫步、跳起的漫步。

6．迈步移重心

一脚迈出，落地同时两膝弯曲，随之身体重心移动至另一腿，膝伸直，脚尖点地。重心移动要明显，两膝有弹性地屈伸。分为左右的移重心、前后的移重心、移动的移重心、转体的移重心。

7．后屈腿

一脚站立，另一腿后屈，然后还原。主力腿保持有弹性地伸屈，后屈腿的脚后跟向着臀部。分为原地后屈腿、迈步后屈腿、移动后屈腿、转体和跳的后屈退。

8. 点地

一腿伸出，脚尖或脚跟点地，另一腿伸直或稍屈膝站立。两腿有弹性的伸屈。点地时，身体重心始终在主力腿上。分为脚尖点地，腿跟点地，迈出点地，向前、后点地，向侧点地。

9. 并步

一脚迈出移重心，另一脚随之在主力腿内侧并腿点地，同时屈膝。两膝自然屈伸，并有一定的弹性，身体重心随之移动。分为左右的并步、前后的并步、转体的并步。

10. 交叉步

一脚向侧迈出一步，另一脚在其后交叉，随之再向侧一步，另一脚跟并。脚落地同时屈膝缓冲；身体重心随着脚的迈出而移动。分为前脚交叉步、转体的交叉步、加小跳的交叉步。

11. 吸腿

一腿屈膝上抬，另一腿微屈缓冲。大腿上提，小腿自然下垂，后背挺直，保持主力腿屈膝缓冲。分为：原地吸腿、迈步吸腿、移动吸腿、转体的吸腿、跳起的吸腿、向前的吸腿、向侧的吸腿等。

12. 摆腿

一腿站立，另一脚自然抬起，然后还原成并腿。保持主力腿屈膝缓冲；抬高腿不需很高，但要有控制；保持上体直立。分为向前摆腿、侧摆腿、摆腿跳。

13. 踢腿

一腿站立，另一腿加速上摆。主力腿轻微屈膝缓冲，脚后跟不要离地；踢腿的高度因人而异，避免造成大腿后部损伤；上体尽量保持直立。分为原地踢腿、移动踢腿、跳起踢腿、向后踢腿。

（二）高冲击力动作

1. 跑

两腿依次经过腾空后，一腿落地缓冲，另一腿后屈或抬膝，两臂前后自然摆动。落地屈膝缓冲，脚跟要着地。分为原地跑、向前向后跑、弧线跑、转体跑。

2. 双腿跳

双腿有弹性的跳起，落地屈膝缓冲，脚后跟要着地。分为原地双脚跳、前后双脚跳、左右双跳、转体双脚跳。

3．开合跳

由并腿跳起成左右分腿落地，然后再分腿跳起并腿落地。分腿时，两脚自然外开、膝关节沿脚尖方向屈；落地时屈膝缓冲，脚后跟要落地。分为原地开合跳、转体开合跳。

4．并步跳

一脚迈出，随着蹬地跳起，后腿并于前腿。脚迈出后，身体重心随之移动，空中有并腿过程。分为向前向后的并步跳、向侧的并步跳。

5．单腿跳

一脚跳起，另一脚离地。落地屈膝缓冲；保持上体正直。分为原地单腿跳、移动单腿跳、转体单腿跳。

6．弹踢腿跳

一脚跳起，另一脚经屈膝伸直。无双腿落地过程；弹踢腿不用很高，但要有控制。分为原地弹踢腿跳、移动弹踢腿跳、转体弹踢腿跳、向前向后的弹踢腿跳、向侧的弹踢腿跳。

7．点跳（小马跳）

一脚小跳一次、垫步一次，另一脚随之并于主力脚。两脚轻快落地，身体重心随之平稳移动。分为原地点跳、左右的点跳、前后的点跳、转体的点跳。

（三）无冲击力动作

1．半蹲

两腿左右分开稍大于肩，脚尖稍外开，两腿同时屈膝和伸直。屈膝不得超过90°，屈膝时，膝关节与脚尖同一方向，臀部向后，上体稍前倾，膝关节不应超过脚尖。分为并腿半蹲、迈步半蹲、迈步转体半蹲。

2．弓步

两腿前后站立、左右脚与髋同宽，平行站立，脚尖向前，两脚同时屈膝和伸直，常用于力量练习。另一种做法是：一腿屈膝，另一腿伸直，身体重心在两腿之间，踝关节在一条直线上，前腿膝关节弯曲不能超过90°，其位置也不能超过脚尖，常用于有氧练习。分为原地前后的弓步、左右的弓步，向前一步的交换腿弓步，后撤一步的交换腿弓步，转体的弓步，跳的弓步。

三、健美操中常用的上肢动作

（一）手型

（1）并掌：五指伸直并拢。

（2）开掌：五指用力伸直张开。

（3）立掌：五指伸直并拢，手掌用力上翘。

（4）屈掌：五指自然弯曲张开，手指用力上翘。

（5）拳型：握拳，大拇指在外，指关节弯曲并紧贴食指和中指。

（6）芭蕾舞手型：五指并拢，自然伸长，大拇指与中指稍向里合。

（7）西班牙手型：五指用力张开，小指、无名指、中指自掌指关节处依次屈，大拇指稍内扣。

（二）上肢动作

（1）自然摆动：屈肘前后摆动。

（2）臂伸屈：上臂固定，肘屈伸。

（3）屈臂提拉：臂由下提至胸前平屈。

（4）直臂提拉：臂由下提至前平举或侧平举。

（5）屈臂由胸部向前、侧推成直臂。

（6）肩上推：屈臂由肩向上推成直臂。

（7）冲拳：屈臂握拳由腰间向前或向上用力伸臂。

第二节 瑜伽

瑜伽是印度的一种传统健身方法。"瑜伽"意为"结合"，指修行。其强调呼吸规则和静坐，以解除精神紧张，达到修身养性的目的。

瑜伽经过几千年的发展演变，已经衍生出很多派别。瑜伽相对而言可分为智瑜伽、业瑜伽、信仰瑜伽、哈塔瑜伽、王瑜伽、昆达利尼瑜伽六大类。不同的瑜伽派别的理论有很大差别。智瑜伽提倡培养知识理念；业瑜伽倡导内心修行，引导更加完善的行为；信仰瑜伽是将前者综合并衍生发展而来的；哈塔瑜伽包括精神体系和肌体体系；王瑜伽偏于意念和调息；昆达利尼瑜伽对人的要求很高，已经很少有人练习了。

一、瑜伽姿势

瑜伽的姿势有很多种，这里主要介绍以下几种。

（一）反弓式（弓式）

1.预备姿势

腹部贴地平躺，双臂在身体两侧伸直。一侧面颊贴地，两腿和脚踝并拢。

正常呼吸。自膝盖处弯曲两腿，脚跟接近臀部。左、右两手分别抓住同侧脚踝。如果两手难以碰到脚踝，可改为抓住脚趾。然后牢牢抓住脚踝或是脚趾，两个膝盖和脚踝互相靠拢。这便是反弓式的预备姿势。

2. 练习步骤

（1）缓慢而深长的吸气，屏住呼吸。

（2）吸气结束时，头部抬起并伸直。

（3）不需要停留很久，便开始向后拉动双腿。后拉时不要过急。做这个动作要注意缓慢、柔和。向后拉到力所能及的最大限度。这一动作可以使胸部、颈部和头部向上保持抬起。目视天空，膝盖可以分开，如果可能的话，踝骨可以并拢，屏住呼吸保持上述姿势 10 秒钟。

（4）呼气，与此同时，头和胸部向地面放下。

（5）头部接触地面，用一侧面颊贴地。放开脚踝，使其慢慢还原到地面。至此，完成了一遍。

（6）休息 10 秒钟再次重复一遍。

3. 每日练习

每天只做 3～9 遍。如果感到同时抓住脚踝非常困难，建议最初的数日只抓住一个脚踝进行练习。

练习抓住单侧脚踝反弓式时，其呼吸、仰体、姿势停顿、复原等步骤，均与抓住两侧脚踝的做法相同。所不同的是，当一条腿弯曲向后牵拉时，另一条腿则应该贴着地面。每次只抓住一侧脚踝进行练习，是比较容易的。

（二）睡英雄式

1. 预备姿势

坐在地上，两腿弯曲放在身体下。手掌放在身体两侧的地面上，伸直脊椎，目视前方，正常呼吸。

2. 注意事项

这套姿势的动作难度很大，建议身体柔韧性较差的练习者用循序渐进的态度（方法）进行练习，不要试图一次就能完成整套姿势。初练阶段，身体不要紧张。

3. 练习步骤

（1）膝盖接触地面，身体重量放在两个膝盖上。手掌撑住膝盖两侧的地面，以帮助支持身体的部分重量。两个膝盖之间，相距大约 4 英寸。两腿脚踝和脚趾按下述方法贴着地面：两脚脚尖并拢，脚跟分开；脚尖、脚底和腿跟呈"V"字形。

（2）臀部小心而缓慢地向下移动，轻轻坐在弯曲双腿的脚底面上。臀部下放时，两手掌支撑地面，控制身体重量。如无不适的感觉，可把整个身体的重量放在弯曲腿的脚上。如果做这个动作感到困难，那么下一节动作则不要勉强去做，直至身体适应为止。凡坐在脚趾和脚底上并且不感到困难者，可以继续做第三个动作。

（3）抬起右手放在臀部后侧的地面上。再抬起左手同样放在臀部后侧的地面上，并少许屈身向后。

（4）右臂肘向后弯曲接触地面，然后左臂肘也触地面，两臂肘逐渐向臀部方向移动。使头部触到地面。然后，再依次将肩部、背部接触地面。做这个动作时候，不要操之过急。

（5）把两肩、两手在身体两侧伸直。手掌平贴地面并靠近身体。

（6）用鼻孔深呼吸数次。保持这个姿势 6～10 秒钟，时间稍短也可以。所做的这个动作即为睡英雄式。

（7）接下来按下述方法还原身体：双手抓住脚踝，肩肘靠着地面。肩肘撑起，身体重量置于肘上。抬头挺背，恢复到原来坐的姿势。

（8）伸开弯曲的膝盖，呈预备姿势稍休息。

（9）休息 6～8 秒，再以同样的要领重复这套姿势。

4. 每日练习

每天练习 3～4 次，不得超过 5 次。

（三）尸解式

1. 预备姿势

身体平躺地面，全身笔直放松。两臂自然下垂，手掌自然放松。正常呼吸，双目闭合，整个身体像一个尸体一样无拘无束。这个练习方法是始终保持这个样子的。

2. 练习步骤

（1）双目闭合两秒，然后睁开两秒。重复这个小动作 10 次。

（2）睁开双眼，上视、下视然后直视；左视、右视然后直视；然后闭目。重复 10 次。

（3）嘴部练习。嘴张大，但不仅张。舌尖向喉部方向弯曲，然后闭嘴，保持这样 10 秒；再张开嘴巴，同时舌头回到正常位置，闭嘴。重复这个动作 10 次。

（4）双目闭合，将注意力集中在脚趾。做以下观想：放松脚趾，慢慢放松小腿、大腿。延伸你的观想，放松你的腿部、腰部、脊柱、肩部、手臂、手掌、手指，直到你的全身各处。之后，将头部和颈部左右轻轻移动一下，寻找一个比较舒适的位置停下。至此，整个肌肉放松完毕。

（5）继续进行精神观想。选择一个你曾经去过或者是极为喜爱的自然风景优美的地方，如公园、花园、草坪、或者是河流。有意念引导，你自己仿佛置身于这个优美的处所，仿佛自己躺在那个迷人的地方，呼吸那里的新鲜空气。当你的注意力集中在那个环境中时，进行完全的瑜伽呼吸。依次进行大约12次，你会感到自己仿佛昏然入睡。至此，你也完成精神的放松。

（6）睁开双眼，舒展身体，坐起来，这个练习结束。

3. 每日练习

每日练习1次，每次练习时间保持10～20分钟。这个练习，一定要在你的所有体位法结束以后，并且完成了其他的瑜伽练习之后再进行。如果你有高血压、心脏病，可以直接练习这个方法，而不用练习其他瑜伽方法。

（四）仰卧式

1. 预备姿势

身体平躺在地面上，眼睛注视天花板。两臂，放于身体两侧，手掌贴着地面，两条腿挺直，脚跟、脚趾并拢，正常呼吸。

2. 练习步骤

（1）用鼻孔缓慢深呼吸，然后屏息。尽最大努力将两脚趾向前伸直。

（2）慢慢向上抬起双腿，抬到离地面10～12厘米后，停留6～8秒钟。一直保持屏息。

（3）开始呼吸，把腿慢慢放回地面。呼气和放腿同时进行，腿放下时，呼气随之完毕。

（4）休息5～6秒，同时正常呼吸两次。

（5）重复练习。每日练习不得超过5次。

3. 注意

背部有伤，不要强求练习双腿抬起，可以先练习单腿抬起的仰卧式。

（五）单侧仰卧式

1. 预备姿势

平躺地面，身体伸直。两脚跟并拢，手掌靠近身体放在地面，身体放松，眼睛平视，正常呼吸。

2. 练习步骤

（1）一侧脚趾伸直，大小腿始终绷紧；另一侧完全放松。

（2）当一侧腿绷紧以后，吸气并向空中抬腿，吸气和抬腿要缓慢进行，时间为 8～10 秒。抬起的腿和地上的另一条腿呈 90°直角。抬腿时身体其他部位不得弯曲或扭动，整个身体继续平躺在地面上。抬腿的高度可以根据自己的能力进行，总之不要感到不适，切忌不要用力过大！

（3）当抬腿到最大限度后，屏住呼吸，保持姿势。坚持 6 秒以上，身体保持笔直，抬起的腿始终绷紧，两手掌朝下贴地，眼睛注视前方。

（4）开始呼气，同时把腿放回地面，腿落地的时间大约 6 秒，落地前保持绷紧。落地后，一个姿势完成。

（5）休息 6 秒以后，练习另一条腿。每日练习：每天 4 遍，交替练习，逐渐增加次数。

二、瑜伽的呼吸方法

瑜伽的呼吸法有很多种，但最基本的瑜伽呼吸法有三种：腹式呼吸法、胸式呼吸法、完全式呼吸法。

1. 腹式呼吸

（1）腹式呼吸又叫横膈膜呼吸，是肺部的底部进行呼吸，感觉只有腹部在起伏，胸部相对不动。通过这种方式对吸入气体进行控制，使膜状肌更为有力，让呼吸的时间和周期变得深长，有规律。一次吸气、呼气和屏气为一个调息周期。腹式呼吸可以锻炼腹部肌肉，按摩腹腔内的器官，增加肺活量。促进全身的血液循环。

（2）做法：选择舒服的姿势，坐姿或仰卧。用鼻子呼吸，将双手轻轻搭放在腹部，两中指相对．吸气时，直接把气深吸到腹部，胸腔保持不动，手会随着气体的吸入而被抬起，双手手指分开，吸气越深，手指分开越大，腹部就会升得越高。随着腹部扩张，横膈膜下降。呼气时，腹部朝脊柱的方向用力收紧，尽量收缩腹部，手指相叠，将所有的空气呼出双肺，这时横膈膜会自然上升。反复几次这样的练习。

（3）注意事项：因为腹式呼吸和我们日常用的呼吸方式不同，要经常练习才能熟练以及更好地体会它带给我们的好处。初学者用仰卧姿势更容易体会到腹部的收缩和扩张。练习时要注意尽量拉长呼吸的周期，并且保证呼气吸气的比例是 1∶1，中间不能悬息（练习 3 个月瑜伽无悬息的呼吸练习之后才可以进行悬息练习）。拉长呼吸的方法可以采用补吸和补呼的方式，也就是在吸满（或呼出）一口气之后再有意识的扩张（或收缩）腹部，来补充气体的体积，帮助练习者达到高素有效。如果出现不适的状况，立即停止，调整自然顺畅的呼吸。

（4）补充：悬息，即屏气，是指吸进气息和呼出气息中间产生的停顿，使氧气在体内充分的循环和吸收，呼吸系统处在一个相对静止的状态。它分为内悬息和外悬息。内悬息是指吸气后蓄气不呼，外悬息是指呼气后闭气不吸。

2. 胸式呼吸

（1）胸式呼吸接近我们日常用的呼吸方法，程度比日常呼吸更深长和专注。以肺部的中上部参加呼吸，感觉胸部、肋骨在起伏，腹部相对不动。胸式呼吸可以稳定情绪，平衡心态，帮助因为呼吸短促而积压下来的废气排出身体。

（2）做法：选择舒适的瑜伽坐姿，注意腰背挺直，头顶的百会穴引领脊柱向上延伸，身体屹立不动，将双手轻轻搭放到胸部下侧的肋骨上，帮助体会肋骨起伏和气流涌动的感觉。用鼻子呼吸，吸气时胸部隆起，肋骨向上向外扩张，腹部不动并保持平坦，然后呼气，胸部放松，肋骨向内向下收缩。反复几次这样的练习

（3）注意事项：这种练习非常简单，适合随时练习。如果觉得鼻腔吸入气体不顺，可以张开嘴巴帮助呼吸。

3. 完全式呼吸

（1）完全式呼吸可以说是瑜伽调息和相对应收束法的砥柱，它教授练习者一种自然流畅的呼吸方法，整个肺部参加呼吸运动，腹部、胸部乃至全身都能够感受到起伏。完整的完全式呼吸可以将呼吸空气的量扩大 3 倍，让新鲜的氧气供应血液，让心脏更强劲，缓解内脏压力，调整内分泌失调。一定要把完全式呼吸变成日常的习惯呼吸，你会发现它可以让你的身体收放自如，有奇妙变化。

（2）做法：它是腹式呼吸和胸式呼吸的完美结合，首先选择姿势，坐姿、仰卧、站立都可以。下面来以盘坐姿势说明。采用正确的瑜伽坐姿，头、颈、脊柱成一条直线垂直地面，放松神经及身体。用鼻子呼吸，缓慢吸气，用腹式呼吸的方法将气体吸到腹腔区域，感觉腹部隆起，再用胸式呼吸的方法，将吸气延续继续向上，将胸部吸满空气并扩大到最大程度。此时腹部向内收紧，双肩可以略微升起，吸气已经达到双肺的最大容量。呼气阶段，按相反的顺序呼气，首先放松胸部，肋骨向内向下，排出空气，然后收缩腹部肌肉呼尽所有气体，结束一个呼吸周期。如此循环下去，反复练习。

（3）注意事项：在熟练了腹式呼吸和胸式呼吸后才可以练习完全式呼吸，否则容易出现呼吸不顺和胸闷的现象。整个呼吸要保证顺畅、轻柔，每个阶段都不能间断，必须一气呵成。

第三节 大众艺术体操

大众艺术体操是融体操、舞蹈、音乐于一体，在音乐的伴奏下，通过身体动作力度、幅度、速度和姿态造型的变化以及与轻器械的结合，展现人体美和物体运动的自然美。随着全国范围的新的体育课教学模式——选项教学如火如荼地开展，这就需要我们开发更多更好的体育课资源，为体育课注入更多形式的使学生感兴趣的教学模式。大众艺术体操属于一般性艺术体操，对练习者的身体素质和运动能力要求不高，它是一项非常符合女子生理和心理特点的和谐、自然、优雅的运动，这项运动既能增进人的身心健康，提高身体的各项素质，又能培养人的表现力及高雅的气质风度，陶冶情操，很适合作为一项选项教材在高校女生体育课中开展。

一、大众艺术体操对高校女大学生的影响

（一）有利于改善身体形态

通过艺术体操练习手段，练习内容的磨炼，可以使人的外形方面得到锻炼并对练习者形体比例均衡产生积极影响。例如，把杆练习，可以使练习者的腿部、臀部肌肉得到改善，正确规范的把杆练习经常刺激臀大肌、髂腰肌、股直肌、股二头肌等腿部及臀部肌肉，从而使练习者腿部、臀部肌肉上收，下肢拉长，重心升高，腿部及臀部线条更加优美。又如许多起踵练习，包括起踵各种舞步练习、跳步练习，可以使练习者小腿肌肉形态更加漂亮，更加美观。再如通过艺术体操大量徒手练习，包括各种柔韧练习，手臂和躯干波浪练习，跳跃和转体练习，地上练习等，可以消除腰腹间沉积的多余脂肪，增加胸脊部肌肉，使人上身挺拔丰满，更加具有女性的曲线美。合理地进行大众艺术体操运动，通过优雅的姿态练习，使身体各个部位和肌肉得到协调、匀称的发展。增强整个躯体的协调性、灵敏性。弥补缺陷、优化姿态。合理的运动量能有效地消耗体内多余脂肪，改善身体曲线，使人体外形更加的挺拔、体态更加刚健优美。大众艺术体操具有很高的艺术性和观赏性，能满足大学生"爱美"之追求，并能在优美的音乐伴奏下，轻松、快乐地达到锻炼身体、改善不正确的身体形态目的。

（二）有利于提高身体素质

大众艺术体操动作自然、协调，经常参加锻炼能使身体各部位器官、系统的功能以及各身体素质和身体活动能力得到均衡发展，使体质不断增强。同时，能有效地提高练习者的柔韧、协调、灵敏、力量等身体素质，对于保健康复也有一定的积极作用。身体进行快速运动的能力在空间形式上表现出速度美，如变身跳，跨跳在空中的瞬间姿态；人体骨骼关节、韧带、肌腱及皮肤等伸展性带来的身体曲线变化，能表现柔和、弛缓和放松的柔韧美，如端燕、鹿跳、平衡等；身体在紧急情况下的反应所能表现的灵敏，常给人带来惊奇和意想不到的愉快情绪，良好的素质能充分地显示身体的动态美。作为一项体育运动进入高校体育课堂，遵循了人体运动的一般规律，形成了具有独特风格的运动形式，丰富了体育运动的内容，是强身健体的有效手段和可靠方法。对大学生身体素质起到了良好的促进作用。大众艺术体操也比较符合大学生的心理特点，能促进神经系统的灵活性，能改善和增强机体各部位的协调性。通过身体各部位的多次重复运动达到一定的运动负荷量，促进身体全面发展，有效提高各项身体素质。

（三）有利于提高审美能力

大众艺术体操是一项审美价值很高的体育运动，它动作优美，富于韵律性，每个动作的方法、要领及表现形式都与"美"有关。通过练习可以提高运动者对形体美、运动美、姿态美、音乐美、风度美的理解和表现能力，有助于树立正确的审美观，提高艺术素养；能有效促使练习者形成健美的形体、高雅的气质和端庄的仪表。可以发展柔韧、协调、灵巧等身体素质，锻炼健美的体态，提高音乐素养和表现力，也是进行美的教育的一种手段。它对美的追求和艺术的享受，具有持久、永不过时，终身受益的特征，并为终身体育打下了坚实的基础。大众艺术体操是一个审美价值较高的身心锻炼项目，它的动作高雅而优美，能充分显示出创造性和自我表现力。

二、大众艺术体操适合在高校长期开展

（一）大众艺术体操具有广泛性和实用性

大众艺术体操练习形式多种多样，运动强度可大可小，还可以根据自己的兴趣爱好选择不同风格的舞蹈进行练习。大众艺术体操对场地器材的要求不高，对各个年龄层次，不同身体素质、不同技术水平的大学生都适宜，各级的女大学生都能从大众艺术体操中找到适合自己的运动形式，从中得到

乐趣，达到锻炼的目的。因此，大众艺术体操有利于在高校推动和发展。大众艺术体操实用性强，能适应现代社会生活需要。随着我国经济的发展，人们的生活水平不断提高，对身体的健康越来越注重。健美的体形、匀称的身体和良好的气质，也是用人单位比较注重的录取条件之一。

（二）合理的大众艺术体操动作选择

大众艺术体操的动作设计和编排是科学和合理的，它是严格遵循人体解剖学，运动生理和运动生化，运动力学等原理和要求的。在动作的安排上，由易到难，运动量由小到大，强度由弱到强，逐步增加身体负荷，达到和保持一定运动量后逐步减少。大众艺术体操与其他运动项目相比，更适应女生的生理、心理特点，它既没有大强度的长时间持续性的奔跑、跳跃，又无危险高难的翻腾动作及长时间的静止用力动作，而广泛采用各种动力性、造型性的动作，如摆动、绕环、屈伸波浪、跳跃及各种舞蹈步等综合性练习，长期进行这样的练习，能有效地增加肌肉、韧带的弹性，使全身关节灵活、肌肉发展匀称，有利于促进女生们的正常发育，增进健康，塑造健美的体型。总而言之，合理的动作安排和运动强度，对身体的健康起到事半功倍的效果。

大众艺术体操是以自然性和韵律性动作为基础，以优美性为特征的有节奏的运动，融体操、舞蹈、音乐为一体，能充分展现协调、韵律、柔美等健美气质，非常符合现在女大学生的生理和心理发展的需要，并培养学生终生体育意识和体育锻炼习惯。体质的改善是参加大众艺术体操锻炼的第一成果，身体姿态的改变是参加大众艺术体操锻炼的最大收获，能使女大学生更加自信。因此，大众艺术体操将会进入更多的高校，被更多女大学生喜爱。

参考文献

[1] 杜宇峰 . 大学体育与健康教程 [M]. 西安：西北工业大学出版社 ,2012.

[2] 孙亮亮 , 张建 , 谢纳 , 等 . 大学生体育与健康 [M]. 成都：西南交通大学出版社 ,2015.

[3] 张金钢 . 大学生体育与健康 [M]. 天津：南开大学出版社 ,2016.

[4] 陈庆伟 . 大学生体育与健康教程 [M]. 长春：东北大学出版社 ,2016.

[5] 宋书刚 , 王雄伟 , 吴定锋 . 当代大学生田径运动的科学性研究 [M]. 长春：吉林大学出版社 ,2011.

[6] 曾庆军 . 大学生体育运动项目研究与实践 [M]. 武汉:武汉大学出版社 ,2013.

[7] 于天博 , 杨旭东 , 程鹏 . 大学生足球运动训练与实战技巧详解 [M]. 北京：中国纺织出版社 , 2018.

[8] 张丹 . 大学生网球运动开展与技能培养研究 [M]. 北京：中国商业出版社 ,2017.